小学校 算数 指導スキル大全

授業力アップのための必須スキルを**50本収録！**

『授業力＆学級経営力』編集部 編

明治図書

はじめに

　昨年10月，現在私が勤務している学校で算数の全国大会を実施しました。1年から6年まで全クラスで計36本の公開授業を行いました。授業の大半は著名な先生方による飛び込みによる授業でしたが，担任は授業者の先生方の要求に応えることができる子どもたちを育てようと，日々の算数授業を一つひとつ丁寧に指導してきました。

　指導の際のキーワードの1つは「学び合いの心」です。それにはまず，友だちの発言や考えに共感する心や態度が大切になってきます。研究を深める中で，授業者が「○○さんの気持ちわかるかな？」等の友だちの思いへの共感を促す発問の大事さを再確認し，意識して使う姿が増えてきました。

　一見，「学び合いの心」の育成と「発問」という指導スキルは結びつかないように感じる方も多いかもしれません。でも，そうではないのです。指導スキルの1つである「発問」を大事にし，それを積み重ねていくことによって，子どもたちの心は豊かになっていくのです。

　また，私の勤務している市では，12月に学力テストを実施します。4月に担任した子どもたちの8～9か月間の授業への取組が数値となってあらわれるわけです。4月当初は均等に分けられたクラスも，12月の時点でクラス平均4～5ポイントも差がついてしまうといったことが起きてきます。1日1日，1時間1時間，その1時間の中の質の高い指導スキルの確かな積み重ねの良し悪しが，クラス平均の差となってあらわれるのです。

　数値の高いクラスの先生の授業を観れば，質の高い問題提示のスキルによって，子どもたちが主体的に問題に働きかける状況になったり，質の高い話し合い・発表のスキルによって，全員参加の深い学びへと子どもたちを導くことができたりしています。それが1時間ごとに積み重なり，できているクラスとそうでないクラスの差がついていくわけですから，8～9か月間でク

ラス平均4〜5ポイント差というのは当然のことなのかもしれません。
　よい授業をつくるには，教師自身が自分なりにその効果を実感した質の高い指導スキルを積み重ね，資質・能力を高めていくしかないのです。

　そこで今回は，普段から指導スキルの大切さを実感し，常に先進的な実践を提案されている23人の先生が，算数授業で大いに役立つ指導スキルを紹介しています。
　Chapter 1は「学びの質は指導スキルで大きく変わる」と題して，尾﨑正彦先生（関西大学初等部）が執筆しています。指導スキルの大切さを医療界のことにも触れながら，「主体的な学び」「対話的な学び」「深い学び」という視点から論じています。
　また，Chapter 2は「算数授業の指導スキル50」ということで，具体的な指導スキルを「教材・教具」「問題提示」「自力解決」「発問」「板書」など10のジャンルから計50本提案しています。
　順番に読む必要はありません。どうぞご自分の課題意識の高いジャンルからページを開いてみてください。課題解決の糸口となる指導スキルが見つかるはずです。

　ここに掲載した50の指導スキルは，決して単なる小手先の技術ではなく，「全員の子どもたちに楽しく，わかる，できる授業を提供したい」という授業者の熱い思いのこもったもので，明日からでもすぐにご活用いただけるスキルだと確信をもっておすすめします。きっと今よりも数段よい授業が展開できるはずです。
　最後になりましたが，この本を書く機会を与えていただき，また編集にご尽力いただいた明治図書の矢口郁雄氏に心より感謝申し上げます。

2019年3月

宮本　博規

Contents

はじめに 2

Chapter 1 学びの質は指導スキルで大きく変わる

- ❶教育界と医療界を対比する ……………………………………………… 8
- ❷指導スキルがないと授業はどうなるか ………………………………… 9
- ❸「めあて」と「まとめ」はだれのものか ……………………………… 10
- ❹発表会＝対話的な学びではない ………………………………………… 11
- ❺やらせっぱなしの深い学びと振り返り ………………………………… 12

Chapter 2 算数授業の指導スキル 50

教材・教具

- ❶きまりを見つける問題をつくるスキル①（数と計算） ……………… 14
- ❷きまりを見つける問題をつくるスキル②（図形） …………………… 18
- ❸日常や社会の事象を算数の教材に変身させるスキル①（測定・変化と関係）… 22
- ❹日常や社会の事象を算数の教材に変身させるスキル②（データの活用）… 26
- ❺子どもの理解を助ける教具づくりのスキル …………………………… 30

問題提示

- ❻主体的に問題にアプローチさせるスキル①（□にする） …………… 34
- ❼主体的に問題にアプローチさせるスキル②（一部を隠す） ………… 36
- ❽主体的に問題にアプローチさせるスキル③（条件不足にする） …… 38
- ❾主体的に問題にアプローチさせるスキル④（情報過多にする） …… 40
- ❿主体的に問題にアプローチさせるスキル⑤（オープンエンドにする） … 42
- ⓫主体的に問題にアプローチさせるスキル⑥（問題づくりをさせる） … 44
- ⓬全員授業に参加できるようにするスキル①（単純化する） ………… 46

❸全員授業に参加できるようにするスキル②（視覚化する） ー 48
❹問題への興味・関心を高めるスキル①（ゲーム化する） ー 50
❺問題への興味・関心を高めるスキル②（計算問題にしかけを仕組む） ー 52

自力解決
❻手が止まっている子どもに考えるきっかけを与えるスキル ー 54
❼ペア対話（小集団の学び合い）を有効に活用するスキル ー 58
❽スモールティーチャーを活用するスキル ー 62

話し合い・発表
❾子どもの考えをつなぎながら話し合いを展開するスキル ー 64
❿苦手な子どもを話し合いに参加させるスキル ー 68
⓫グループ学習を有効に活用するスキル ー 70
⓬ジグソー学習を活用するスキル ー 74
⓭誤答や誤認識を生かすスキル ー 78
⓮発表のハードルを下げるスキル ー 80
⓯発表をアクティブにするツール活用のスキル ー 82

振り返り・まとめ
⓰統合・発展につながる振り返りのスキル ー 86
⓱問題解決の過程で行う振り返り・まとめのスキル ー 90
⓲知識・技能を確実に習得させるまとめのスキル ー 92
⓳学習感想を有効に活用するスキル ー 94

アイスブレイク
⓴授業モードに素早く切り替えるスキル①（低学年） ー 96
㉑授業モードに素早く切り替えるスキル②（中学年） ー 100
㉒授業モードに素早く切り替えるスキル③（高学年） ー 104

発問

㉝問題に対する問い(めあて)をもたせるスキル ・・・・・・・・・・・・・・・・・・・・・ 108
㉞意味を考えさせるスキル ・・ 112
㉟理由や根拠を引き出すスキル ・・・・・・・・・・・・・・・・・・・・・・・・・・・・・・・・・・・・ 114
㊱子ども思考を揺さぶるスキル ・・・・・・・・・・・・・・・・・・・・・・・・・・・・・・・・・・・・ 116
㊲統合的に捉えることを促すスキル ・・・・・・・・・・・・・・・・・・・・・・・・・・・・・・・ 118
㊳発展的に考えることを促すスキル ・・・・・・・・・・・・・・・・・・・・・・・・・・・・・・・ 122

板書

㊴授業の流れをわかりやすく示すスキル ・・・・・・・・・・・・・・・・・・・・・・・・・・ 126
㊵数学的な見方・考え方を可視化するスキル ・・・・・・・・・・・・・・・・・・・・・ 130
㊶子どもの考えを比較したり,関連づけたりするスキル ・・・・・・・・・・ 132
㊷アイテムを効果的に活用するスキル ・・・・・・・・・・・・・・・・・・・・・・・・・・・・ 136

ノート指導

㊸学習内容をすっきり整理させるスキル ・・・・・・・・・・・・・・・・・・・・・・・・・・ 140
㊹思考の過程をノートに残させるスキル ・・・・・・・・・・・・・・・・・・・・・・・・・・ 142
㊺計算などのミスを生じにくくさせるスキル ・・・・・・・・・・・・・・・・・・・・・ 144
㊻ノートの点検・評価で意欲を高めるスキル ・・・・・・・・・・・・・・・・・・・・・ 146

特別支援

㊼数を数えるのが苦手な子どもへの支援のスキル ・・・・・・・・・・・・・・・・・ 148
㊽計算が遅い,間違いが多い子どもへの支援のスキル ・・・・・・・・・・・・ 150
㊾文章題の読み取りが苦手な子どもへの支援のスキル ・・・・・・・・・・・・ 152
㊿図形を見る力が弱い子どもへの支援のスキル ・・・・・・・・・・・・・・・・・・・ 154

Chapter 1

学びの質は
指導スキルで
大きく変わる

1 教育界と医療界を対比する

　順天堂大学医学部の天野篤先生は，心臓外科の名医として世界的に知られています。（平成）天皇の心臓手術の第一執刀医は天野氏です。天野氏の学歴は決してエリートとは言えません。何年もの浪人を経て，私立大学医学部に入学しました。しかし，今や世界トップクラスの心臓外科の腕の持ち主です。天皇陛下の心臓手術では，東京大学・慶応大学医学部の心臓外科の先生が配下としてサポートしました。天皇陛下の心臓手術は，かなり難しい手術でしたが，天野氏はその手術を見事に成功させました。天野氏の心臓手術の腕の高さを示す一事例と言えるでしょう。
　もし，あなたが重篤な心臓病を患っていたら，どのような基準で医師を選択するでしょうか？　学歴ではなく，それまでの手術の腕前で選択するはずです。それは，学歴の視点で医師を選択したら，命を落とすことになりかねないからです。

　医療の世界と同じことは，教育界にも当てはまります。例えば「分数のわり算」の指導は，教師であればだれでもできます。しかし，教えた後の子どもの学びの質は，教える教師によって大きく異なってきます。では，この差の原因はどこにあるのでしょうか？　その多くは，教える教師の腕前の差に起因しています。教師にも，医師と同じように，腕前の差があるのが現実なのです。天野篤氏のような腕前をもつ教師に教えられれば，子どもの学びの質は確実に高まります。教育界では，教える腕前の確かな教師は，高い指導スキルを身につけています。教材研究の深さと同時に，高い指導スキルを身につけることが，子どもの学びの質を大きく左右します。

❷ 指導スキルがないと授業はどうなるか

　同じ教材でも，指導スキルがある教師とそうではない教師では，授業展開が大きく異なってきます。

　日常の授業を，教科書をベースに展開する教師は多いと思いますが，教科書を開いたままの状態で，そこに書かれた課題をそのまま子どもに提示する場面を目にすることがあります。多くの教科書には，課題と同時にその解き方も書かれています。教科書の課題を目にすると同時に，その解き方も子どもは目にしてしまうわけです。このまま授業を進めたら，子どもは考える必要がなくなってしまうでしょう。

　この場面を，教科書は閉じた状態で授業を展開したらどうなるでしょうか。課題は教科書通りに教師が提示します。しかし，教科書は閉じられているため，子どもがその解き方を目にすることはありません。教師から提示された課題に対して，一人ひとりの子どもが真剣に向き合わざるを得ないわけです。

　教科書を開いたままで授業を展開するかしないか。たったこれだけの違いです。しかし，このたったこれだけのことを知っているか知らないかだけで，課題に対する子どもの向き合い方は大きく異なってくるのです。

・ほんの少しの工夫で，子どもが考えざるを得ない状況を設定することができる。
・ほんの少しの工夫，すなわち指導スキルを知っているか知らないかの違いが，子どもの学びを左右する。

3

「めあて」と「まとめ」はだれのものか

　2020年から全面実施の学習指導要領が告示され，学校現場では，授業冒頭に「めあて」が教師から提示され，終末には「まとめ」を行う，という一連の流れが定着しつつあります。

　この一連の流れの定着は，学習指導要領改訂の趣旨に沿うものでしょうか。学習指導要領改訂の最大の目玉は，「主体的・対話的で深い学び」の視点による授業の改善です。ところが，定着しつつある一連の流れの授業の多くを見ていると，この授業改善の趣旨とは対極的な展開で進む場合が多いと言えます。

　学習指導要領が求めているのは，教師から授業のめあてを提示する展開ではありません。それにもかかわらず，授業冒頭に「今日の授業のめあては〇〇です」と，教師から一方的にめあてが提示される授業が見られます。また，このような展開で進む授業の多くでは，まとめも教師主導で進められます。

> ・めあては，子どもの問いでなければならない。
> ・まとめは，子どもから生まれてきた問い（めあて）に対応するものでなければならない。

　「主体的な学び」を引き出すためには，子どもが授業のどこかで問いを感じる展開が必要です。子どもが問いを感じる展開を進めるうえで必要になるのが，教師の指導スキルです。指導スキルがなければ，主体的な学びは具現できません。ましてや「対話的な学び」「深い学び」の具現などは不可能です。

4

発表会＝対話的な学びではない

　「対話的な学び」に話し合い活動が必要なのは言うまでもありません。しかし，話し合い活動はさせればよいというものではありません。

　考え方の発表場面を例にします。Ａという考え方をした子どもが，黒板の前で自分の考え方を発表する光景がよく見られます。発表者が最後に「私の考え方はわかりましたか？」と決まり文句のように語りかけます。すると，これも決まり文句のように「わかりました」「いいです」と，返事がクラス全体から聞こえてきます。次に，Ｂの考え方の発表がＡと同様に進んでいきます。

　この展開で，対話的な学びが成立していると言えるでしょうか。前述のような発表場面，聞いている子どもの多くはその発表を実は聞いてはいません。「わかりました」と声が上がるのは，単なる条件反射的反応です。試しに，「Ａの考え方をもう一度説明してみましょう」と子どもたちに投げかけてみると，半数以上の子どもたちはＡの説明ができないはずです。

　発表場面では，１人の子どもにすべてを発表させてはいけません。一部だけを発表させ，続きを全員に考えさせる。たったこれだけの指導スキルを使うだけでも，対話的な学びは活性化します。

- 発表場面を単なる発表会形式で展開しても，多くの子どもはその話を聞いてはいない。
- 対話的な学びを成立させるためには，発表場面にも指導スキルが必要である。わずかな工夫で子どもは発表を聞くようになる。

5 やらせっぱなしの深い学びと振り返り

　「深い学び」に焦点を当てた授業を参観しました。そこで行われていたのは，ハードルの高い問題を提示し，子どもがそれを解かされているだけの授業です。深い学びは，単に難問を解くことではありません。そこで求められているのは，子ども自身が問題場面を拡張していく展開です。そのために有効な指導スキルの１つに，「たまたまだよね」と偶然性を問う発問があります。これを使うだけで，学びが一気に深まります。

　また，授業終末で「振り返り」が行われる場面ですが，この場面で教師から投げかけられる言葉は，多くの場合「振り返りを書きましょう」です。この指示で書かれる振り返りは，「〇〇の勉強は楽しかったです」程度の単なる感想文です。このような感想文を毎時間のように書かせることに数学的な意味はあるでしょうか。振り返りを行うのであれば，「Ｒ君が見つけたきまりを，階段が10段になったときを例に説明しよう」のように具体的記述内容を提示する必要があります。

・偶然性を問うことで，学びは一気に深まる。
・振り返りでは，具体的な記述内容の指示が必要である。

　算数授業では，これまで述べたように，授業展開の随所で効果的な指導スキルを用いることで子どもの学びの質が一気に高まります。次章からは，問題提示，発問から，板書，まとめまで，10ジャンル50本の具体的な指導スキルについて詳しく解説していきます。

（尾﨑　正彦）

Chapter 2

算数授業の指導スキル50

教材・教具

きまりを見つける問題をつくるスキル①（数と計算）

> **POINT**
> ❶きまりに気づきたくなるしかけをつくる
> ❷きまりの発見場面を愉しみ，共有する

　「数と計算」領域には，きまりを見つける学習場面がたくさんあります。その場面は教科書教材としても多く取り上げられています。ところが，教科書の場合，必ずと言っていいほど「きまりはありませんか？」「何か気づくことはありませんか？」といった投げかけがあります。きまりを見つける授業で大切なことは，このような投げかけを教師からするのではなく，子ども自らの力できまりに気づいていくようにすることです。そのためには，子どもがきまりに気づきたくなるしかけが必要です。

　また，実際の授業できまりに気づく子どもの数はそう多くはありません。そこで大切になるのは，一部の子どもが見つけたきまりをクラス全員に拡げていくスキルです。

　具体的授業を通して，2つのポイントを紹介します。

①きまりに気づきたくなるしかけをつくる

　3年生「あまりのあるわり算」の授業です。本時は，この単元の終末に位置づきます。

　事前に0～9の数字カードを1枚ずつ用意します。それらのカードは裏返しにして，黒板に貼ります。数字カードを貼り終えたら，次のように子どもに投げかけます。

> 赤対白であまりが大きい方が勝ちゲームをします。黒板に貼られた数字カードを先生が2枚引きます。この2枚で2けたの数字をつくります。2と3が引かれたとします。この後，赤と白でじゃんけんをします。赤が勝ったら23か32を選べます。負けた白は，残りの数字になります。それぞれの数字を9でわります。あまりの大きい方が勝ちです。

　ルール確認後，赤と白の代表が前に出ます。じゃんけんで先攻・後攻を決めます。教師がカードを2枚引きます。1と4が出たとします。
　じゃんけんに勝った赤は41を選択しました。負けた白は自動的に14になります。それぞれのチームが，自分のチームのあまりを計算します。この時点では，子どもたちは相手チームのあまりの大きさは知りません。
　計算が終わったところで，その結果を発表してもらいます。
　白　41÷9＝4あまり5
　赤　14÷9＝1あまり5
　この結果を見た子どもから，「あれ，答えが同じだ」「引き分けだ」と声が上がります。実はこのゲームは何回行ってもあまりの大きさは引き分けになります。あまりはいつも同じになることが，このゲームのしかけです。
　しかし，子どもたちはまだこのしかけのおもしろさには気づいていません。そこで次のように投げかけます。

あまり5

| 4 | 1 |
| 1 | 4 |

> あまりが同じになったのは，たまたまだよね。

　偶然性を問うのです。これもきまりに導くしかけです。偶然性を問うことで，子どもたちはそれまでなんとなく見ていた目の前の対象を見つめ直します。子どもたちは，あまりの大きさと数字の並びに目を向け始めますが，この時点ではまだ多くの子どもたちは偶然だと考えています。

あまりの大きさが同じになるのかどうかは，もっとゲームを重ねないと結論づけられません。そこで，ゲームを続けていきます。

2回戦では，2と5が引かれました。結果は次のようになりました。

白　52÷9＝5あまり7

赤　25÷9＝2あまり7

先ほどまでは，自分のチームの計算だけをしていた子どもたちが，2回戦では相手チームの計算も始める姿が見られました。この姿こそ，子どもが主体的に動く姿と言えます。両チームの計算を終えた子どもから，「あれ，同じあまりだ」「また同じになった」と驚きの声が上がります。あまりは，どちらも7です。子どもたちは，「あまりが同じになるのはたまたまじゃないかも」と考え始めます。偶然性の問いが生きてきました。

そこで，3回戦を行います。3と1が引かれました。結果は次のようになりました。

白　31÷9＝3あまり4

赤　13÷9＝1あまり4

3回戦もあまりが同じになります。子どもたちは，あまりの大きさはいつでも同じになることに確信をもち始めます。中には，自分で2つの数字を選んで計算を行う姿もあり，ここでも子どもの主体的な姿が見られます。

その後，ゲームを何回行ってもあまりの大きさは変わらないことが見えてきます。このゲームを進めるしかけがまだあります。それは，あまり

の大きさが1種類に固まらないように数字カードを意図的に引くことです。上の場合は，あまりが4～7の4種類が生まれるようにしかけをしました。子どもには見えないように，数字カードの裏側に特別な印をつけておきます。適当にカードを選んでしまうと，きまり発見までにかなりの時間と労力を要

することになります。また，板書もばらばらに計算結果を書くのではなく，左ページのようにあまりの大きさ順に整理しておきます。このようにすることも，新しいきまりを発見するためのしかけとなるのです。

②きまりの発見場面を愉しみ，共有する

あまりの情報が増えてくると，今度は「おもしろいことがある」「きまりがある」とこれまでとは別の声が聞こえてきます。あまりの大きさと数字の関係に気づいたのです。これが本時のきまり発見の本命です。

しかし，きまりに気づく子どもは一部です。彼らに見つけたことをすべて説明させてはいけません。算数で大切なことは，自分の力できまりを発見する過程を味わわせることです。

そこで，きまりの一部をヒントとして発表してもらいます。そのヒントは言葉に限定しません。言葉を使わずにジェスチャーだけで示すことも有効です。

ある子どもは，あまり7の2種類の数字カードの前でジェスチャーを行いました。「5→2→7」「2→5→7」の順で数字を指さしました。このジェスチャーを見た子どもから，
「あー，そういうことか」
「だったら，あまりが6もそうなっている」
「あまりが5も同じだよ」
と，きまりに気づいた喜びの声が上がりました。

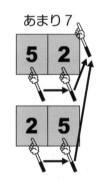

子どもは友だちからヒントをもらってでも，自分の力できまりを発見することに大きな喜びを感じるのです。きまりすべてを友だちから一方的に説明されても，この喜びを味わうことはできません。しかけと同時に，きまり発見を共有する場面も大切になるのです。

（尾﨑　正彦）

教材・教具

きまりを見つける問題をつくるスキル②（図形）

> **POINT**
> ❶一部の情報を曖昧にする
> ❷いろいろな場合に考えを広げる場をつくる
> ❸わかることに絞り込む
> ❹式に表す場をつくる

「きまりを見つける」とは，例えば，「同じ数ずつ増えている」「どれも2倍になっている」など，複数の場合に共通していることに目を向けていくということです。曖昧な問題提示を基に，子どもが「もし〜だったら…」といろいろな場合を考え，その共通点から「きまり」を見つけていく授業を展開する教材のつくり方を紹介します。

①一部の情報を曖昧にする

5年生「三角形や四角形の角」の事例で説明します。

図形の学習において，子どもがきまりを見つける授業をつくるのに大切なことは，提示する図形を1つに固定しないということです。

そこで，「一部の情報を曖昧にする」という方法が有効になります。

例えば，多角形の内角の和を考える場面（三角形の内角の和は既習）では，次のように，多角形の図形の一部の情報を曖昧にして提示していきます。

子どもたちは，この「曖昧に提示された図形の一部分」に意識を集中していきます。そして，このままではいろいろな場合が考えられることに気づいていくはずです。

右の多角形の角の大きさの和は何度でしょうか。

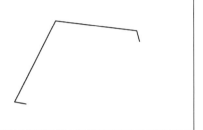

②いろいろな場合に考えを広げる場をつくる

「このままだと，いろいろな図形の場合があるよ」
そんな子どもたちの反応に対して，次のように問います。

> どんな図形があり得るの？

「三角形ではないことは確か」
「このまま辺が延びれば四角形」
「見えないところに２つ角があるかもしれないから，五角形」
「六角形も七角形も，なんでもあり得る」
こうした子どもたちの発言を取り上げながら，「どんな多角形でもあり得る」ことを全体で共有していきます。
こうすることで，きまりを見つけるための「いろいろな場合」がどの子の心の中にも映し出されていくのです。

③わかることに絞り込む

ここでさらに，以下のように子どもたちに問いかけます。

> では，角の大きさの和は，今のままでは何一つわからないね。

この「何一つ」というのを強調することがポイントです。こうした問い方をすると，「何一つわからないわけじゃないけど…，今，見えているところで三角形よりは角が多い図形なのは確かだから，180度よりは大きい」といった発言をする子が現れます。こうした発言を図に表現させると，右の図のようになります。

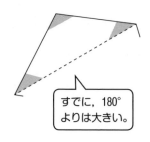

すでに，180°よりは大きい。

　ここまで来ると，「だったら，もし四角形だったら…！」などと，違う多角形の場合に広げて考える子たちも出てくるでしょう。もし，いなければ，

> もし，四角形や五角形だったらどうなるかな？

と問うて，個々に確かめる時間をとります。

四角形なら　　　五角形なら　　　六角形なら

　このとき，下図のように三角形4つ（180°×4）から対角線の交点（360°）分をひくという考え方が出てくれば，この考えの意味を取り上げ，しっかりと板書に位置づけていきましょう。どんな考え方でも，必ず行きつくところは同じ $180° \times (n-2)$ になります。

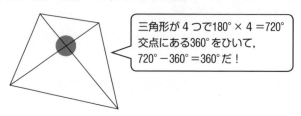

三角形が4つで180°×4＝720°
交点にある360°をひいて，
720°－360°＝360°だ！

④式に表す場をつくる

最後に大切なことは，次のように問うことです。

> これらの考えを式に表しましょう。

このように，図の表現を式表現へと変換させることです。こうした学習習慣が子どもに身についていれば，教師が問わなくても子どもたちから自然と式が出てきます。

まだ十分に力が育っていない場合には，こうした手立てを繰り返し，最終的には自分から「式にしよう」と考える力を子どもに育てていくことが大切です。

$$180 \times 2 = 360 \text{（四角形）}$$
$$180 \times 3 = 540 \text{（五角形）}$$
$$180 \times 4 = 720 \text{（六角形）}$$
$$\vdots$$

こうして，どの図形の場合も「三角形の内角の和（180°）を基にして考えられる」ことが明らかになっていきます。板書で上記の式を縦に並べると，「かける数が1ずつ増えていること」「その数が（多角形の角の数－2）になっていること」などについて，子どもが自分たちできまりを見つけていくことができるようになります。

このように，「いろいろな場合を同時に考えさせていく」ことが，きまりを見つける授業をつくるときにはとても重要になってくるのです。

（瀧ヶ平悠史）

教材・教具

日常や社会の事象を算数の教材に変身させるスキル①（測定・変化と関係）

POINT
❶学校生活の場面から教材を探る
❷二者択一（三者択一）にする

　子どもの日常生活や子どもを取り巻く社会事象は教材の宝庫です。学校生活場面や学校行事からも教材を探ることができます。小学校5年生の最大行事の1つに集団宿泊教室があります。「5年生で楽しかった行事（楽しみにしている行事）」でアンケートを取っても必ず上位にあがってきます。ここでは，その教材化について紹介します。

①学校生活の場面から教材を探る

　学校生活の状況に応じて，時折子どもたちにアンケートを取って，そのアンケート結果をいろいろなところで活用します。算数の教材化も，その1つです。

1　本年度，あなたが一番楽しみにしている（または，楽しかった）学校行事はなんですか。
2　その学校行事で思い出に残っている（楽しみにしている）活動はなんですか。

　5年生にこのアンケートを取ると，必ずあがってくるのが，集団宿泊教室です。地域によっては林間学校やスキー教室になるかもしれませんが，友だ

ちと泊まって何かをするというのは大半の子どもが楽しみにしています。その宿泊教室の中でもどんな活動が思い出に残っているか（楽しみにしているか）まで尋ねておきます。

　私はこの集団宿泊教室を，５年生の学習内容である「単位量あたりの大きさ」と結びつけ，教材化を試みようと考えました。

　教材化のポイントの１つは場面設定です。子どもたちが共感する場面から問題をつくり出すのが理想です。私の住んでいる地域では集団宿泊教室にはバスで出かけるのが一般的です。中には歩いていく学校もあります。宿泊教室の場所が問題ですが，聞くところによれば現地集合の学校もあるようです。自分で電車やバスを乗り継いで現地に集まるわけです。自宅を出た瞬間から宿泊教室が始まっているのです。

　そこで，子どもが電車に乗って現地に行く場面を教材化することを考えました。駅に着いたら，目的地まで行くＡとＢの２つの電車があります。２つとも車両の形や大きさ，車両数も同じであり，同時刻に出発し，目的地には同時に着くそうです。さて，ＡとＢのどっちの電車に乗るか迷います。違いは人の混み具合です。まったく同じ条件であれば，混まない方が乗り心地はよさそうです。

　もう１つは，宿泊教室のキャンプ場に着き，泊まるテントについて比較する場面です。比較しやすいようにＡ，Ｂ，Ｃの３つのテントを提示し，どのテントで過ごしたいかを考えさせます。一晩ゆっくり過ごせるかどうかは，やはり人の混み具合がポイントになりそうです。

②二者択一（三者択一）にする

　さて，子どもが電車に乗って現地に行く場面では，集団宿泊教室に参加する１人としてたけしくんを登場させます。

　この問題場面は，単元のプロローグを想定して考えました。導入の場面です。

　ＡとＢの２つの電車の絵を提示して，次のような問題を提示します。

AとBの2つの電車は形も大きさも車両数も同じで、たけしくんの目的地のある駅に、同時に出発し、同時に着くそうです。

　宿泊教室に参加するたけしくんは、AとBのどちらの電車に乗るか迷っています。

AとBの2つの電車の違うところはどこかな？　違いを知りたいな。

たけし

乗り心地はどうなのかな？

1両目だけを比べてみるとAの電車の人数が多そうだよ。

人数が少ない方が乗り心地はよさそうだね。

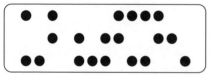
Aの電車の1両目

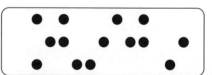
Bの電車の1両目

●は人を表す

たけしくんは迷った末に　　　　　の電車に乗ることに決めました。

　子どもが今夜宿泊するテントを比較する場面は、上の単元のプロローグの導入場面を受け、「単位量あたりの大きさ」の導入問題になります。ア、イ、ウの3つのテントの絵を提示し、次のような問題場面を提示します。

たけしさんは、宿泊教室のキャンプ場に着きました。今日泊まるテントはア，イ，ウの3つです。たけしさんはウのテントになりました。

アのテント　　　　　　イのテント　　　　　ウのテント

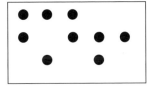
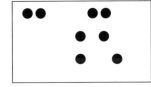
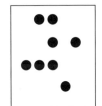

●は人を表す

アのテントの人数がイ，ウよりも多いぞ。

たけし

アとイのテントの面積は同じなのかな？

ウのテントが一番きゅうくつに感じるけど…

各テントの面積と子どもの人数

	面積（m²）	人数（人）
ア	6	9
イ	6	8
ウ	5	8

　ア，イ，ウのどのテントが一番こんでいるかを調べましょう。
　こみぐあいを比べるには何と何がわかればよいでしょうか。

（宮本　博規）

教材・教具

日常や社会の事象を算数の教材に変身させるスキル②(データの活用)

> **POINT**
> ❶質的データと量的データを区別する
> ❷子どもの問いに寄り添う

　社会生活などの様々な場面において,必要なデータを収集して分析し,その傾向を踏まえて課題を解決したり意思決定をしたりする能力を育てるため,新学習指導要領で「Dデータの活用」が新設されました。

　そして,今までとの大きな違いの1つとして,「問題(Problem)→計画(Plan)→データ(Data)→分析(Analysis)→結論(Conclusion)」の5つの段階からなる「統計的探究プロセス(PPDAC)」が示されました。

問題	・問題の把握	・問題設定
計画	・データの想定	・収集計画
データ	・データ収集	・表への整理
分析	・グラフの作成	・特徴や傾向の把握
結論	・結論付け	・振り返り

　日常や社会の事象のデータを算数の教材にする際,上記のプロセスの「データ」「問題」を意識しながら,探したり選んだりすることがポイントになります。理由は,「データ」は授業のねらいを達成できるものや子どもからズレが生まれるものを選ぶ必要があり,「問題」はこんな問いを引き出したいからこのように提示するという教師の意図があるからです。どちらも教師の腕の見せどころです。

①質的データと量的データを区別する

日常や社会の事象のデータは，下記のように大きく2つに分けられます。

・質的データ…種類の違いや区別を表すデータ
・量的データ…数量で記録されるデータ

教材化する際，質的データなのか量的データなのか区別することが重要です。これらの区別によって統計的処理や分析が異なるからです。なお，量的データであれば，代表値（平均値や中央値，最頻値）を求めることができるので，それらが求められるか考えると判断がつきやすくなります。

例えば，下記のような日常や社会の事象のデータは，各学年で次のような統計的処理を扱うことになります。

1年生
・自分のアサガオが1日ごとに咲いた花のデータ（量的…絵グラフ）
・クラス全員の好きな動物を調べたデータ（質的…絵グラフ）

2年生
・町探検で見つけたお店の数のデータ（質的…丸を使ったグラフ）
・生活科でクラス全員が育てた野菜のデータ（質的…丸を使ったグラフ）

3年生
・クラブ全員の好きな遊びを調べたデータ（質的…棒グラフ）
・クラスの月別の読書の冊数（量的…棒グラフ）

4年生
・1日の気温の変化のデータ（量的…折れ線グラフ）
・4月に保健室で手当てした人の怪我の種類と怪我をした場所のデータ（質的…二次元表）

5年生
・5年生の怪我の種類とその割合のデータ（質的…円グラフや帯グラフ）

・都道県別のりんごの収穫量とその割合のデータ（量的…円グラフや帯グラフ）

6年生
・学級の体力テストのソフトボール投げのデータ（量的…ドットプロットや柱状グラフ）
・学校畑で収穫したジャガイモの重さのデータ（量的…ドットプロット柱状グラフ）

②子どもの問いに寄り添う

「統計的探究プロセス」において，子どもの問いはとても重要です。子どもから引き出した問いは，データを見やすく整理したり多面的に考察したりするだけでなく，振り返って考えたときに新たな問題を発見したりする原動力になるからです。

例えば，3年生の「表とグラフ」の導入では，「『正』を使って車の数を数え，それを表にまとめることができる」という技能面がねらいとなりますが，このままではなんのために数えるのか目的がありません。

そこで，子どもの問いを引き出すため，まず，学校付近の交通の様子がわかる道路の動画を提示した後，次のようなポスターを見せます。

これを見て，子どもから次のような声が上がります。

「先生，車の絵を忘れているよ」
「絵はスポーツカーがいいんじゃない？」
「でも，トラックの方がいいと思うな」
　これらのつぶやきの中で，引き出したい問いが背後にある言葉を取り上げて，次のように問い返し発問をします。

> 「トラックの方がいいと思う」と考えたのは，どうしてでしょうか？

「トラックが大きくて危ないから」
「さっきの動画では，トラックが多く走っていたから」
「でも，乗用車も多かった気がするな…」
「先生，もう一度，動画を見せて。数えてはっきりさせたい！」
　このように問い返すことで，ほかの子がその考えに寄り添うだけでなく，友だちの発言に刺激されながら，教師の引き出したい問いへ近づけさせることができます。より問いを明確にするため，「一番多い車がどれか数えてみよう」と板書するのもよい方法です。
　再び動画を見せ，数えさせると，トラックが6台という人と自家用車が6台という人が出てきます。そこで，落ちや重なりのない数え方である「正」を使った方法を教えます。もう一度，動画を見せて数えさせると，トラックが6台，自家用車が5台で，トラックが一番多いということがわかり，「正」を使った方法のよさを感じることができます。
　最後に振り返って，気になっていることを聞くと，子どもから次のような新たな問いが生まれることがあります。
「どこに掲示したら，より交通安全になるかな？」
「ポスターの絵を，1年生にかえたいな」
　このように，子どもの問いに寄り添いながら，「統計的探究プロセス」を展開するように配慮することが大切です。

（種市　芳丈）

教材・教具

子どもの理解を助ける教具づくりのスキル

POINT
❶立体的,視覚的に見せる
❷教具を使ってきまりを発見させる

　2年生で学習する「かけ算」は,その後の学習の基礎となる大切な計算です。しかし,子どもたちは,九九の暗唱に一生懸命になる一方で,かけ算の意味や数のきまりについての意識が高いとは言えません。そこで,かけ算九九を立体的,視覚的に見せることで,美しさに対する驚きとともに,意味やきまりに目を向けさせる教具を紹介します。

①立体的,視覚的に見せる

　子どもたちが目にする九九表は,九九の答えが数字で書かれたものです。その九九表からいろいろなきまりを発見することができますが,あえて九九の答えを立体的に見せるために,「かけ算九九棒」を考案しました。

かけ算九九棒のつくり方
1　発砲スチロールの円柱(直径3㎝,最長30㎝。ホームセンター等で購入可)を20本用意し,まわりをガムテープで補強します。
2　1を厚さ0.3㎝で計算し,円柱を切り取ります。
3　切り取った棒に九九の値を貼り,反対側に磁石を貼ります。
4　磁石がつくホワイトボードに枠線を引き,棒をのせます。

上段が九九の値，下段が切り取る厚さ（単位はcm）

×	1	2	3	4	5	6	7	8	9
1	1 0.3	2 0.6	3 0.9	4 1.2	5 1.5	6 1.8	7 2.1	8 2.4	9 2.7
2	2 0.6	4 1.2	6 1.8	8 2.4	10 3.0	12 3.6	14 4.2	16 4.8	18 5.4
3	3 0.9	6 1.8	9 2.7	12 3.6	15 4.5	18 5.4	21 6.3	24 7.2	27 8.1
4	4 1.2	8 2.4	12 3.6	16 4.8	20 6.0	24 7.2	28 8.4	32 9.6	36 10.8
5	5 1.5	10 3.0	15 4.5	20 6.0	25 7.5	30 9.0	35 10.5	40 12.0	45 13.5
6	6 1.8	12 3.6	18 5.4	24 7.2	30<>9.0	36 10.8	42 12.6	48 14.4	54 16.2
7	7 2.1	14 4.2	21 6.3	28 8.4	35 10.5	42 12.6	49 14.7	56 16.8	63 18.9
8	8 2.4	16 4.8	24 7.2	32 9.6	40 12.0	48 14.4	56 16.8	64 19.2	72 21.6
9	9 2.7	18 5.4	27 8.1	36 10.8	45 13.5	54 16.2	63 18.9	72 21.6	81 24.3

この九九棒が完成すると下のようになります。かけ算九九棒を全部並べていくと，子どもたちから思わず「きれい！」の声が上がりました。

②教具を使ってきまりを発見させる

　子どもが九九棒を持ち，自由に枠の中に置いていく中で，困ったことや気づいたことを出し合います。

3×6＝18に置こうと思ったのにすでに置いてあって置けないよ。

答えが18になるのは，3×6だけだったかな？

6×3でもいいよね。ほかには，2×9も9×2も18になるね。

同じ答えが4つあるのや同じ答えが3つあるのもあるね。

同じ答えが2つや1つだけのもあるよ。

答えを間違えた場所に置いたら，棒の高さが変だからすぐにわかるね。

さらに，気づいたことはないか尋ねていきます。

同じ答えが1つだけの棒は，真ん中のななめの場所に並んでいるよ。

あっ，本当だ。すごい！

同じ答えはななめに見えるよ。

×	1	2	3	4	5	6	7	8	9
1	①	2	3	4	5	6	7	8	9
2	2	4	6	8	10	12	14	16	18
3	3	6	9	12	15	18	21	24	27
4	4	8	12	16	20	24	28	32	36
5	5	10	15	20	㉕	30	35	40	45
6	6	12	18	24	30	36	42	48	54
7	7	14	21	28	35	42	㊾	56	63
8	8	16	24	32	40	48	56	64	72
9	9	18	27	36	45	54	63	72	㊁

九九表でも確かめてみようよ。

本当だ！同じ答えがななめにあるね。

一番左の棒を右隣の棒にのせたらどうなるかを考えます。

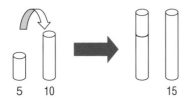

5の段で、5の棒を隣の10の棒にのせたら…

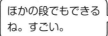

隣の15と同じ高さになったよ。どんどんのせてみよう。

ほかの段でもできるね。すごい。

かける数が1増えると答えは…

かけられる数だけ増えるんだね。

（宮﨑　ゆき）

6 主体的に問題にアプローチさせるスキル①（□にする）

問題提示

POINT
❶ 答えを決めて式の数を□にし，当てはまる数を問う
❷ □の数を変えたときの，式の数の変化を問う

　計算習熟場面。たくさんの問題に目的なく取り組ませるだけではもったいない。そこで，目的を達成するためにたくさんの計算に取り組まざるを得ない場面をつくることで，知識・技能の定着も数学的に考える力の伸長も図ることができます。そのために，与える問題を固定的にするのではなく，□を用いて変化させることが可能な状態にして提示します。

①答えを決めて式の数を□にし，当てはまる数を問う

　2年生の事例で説明します。次のように問題を提示します。

答えが5になるとき，□にはどんな数が入るかな。
（1つの□には1つの数字が入ります）

$$\begin{array}{r} \square\square \\ -\square \\ \hline 5 \end{array}$$

　子どもが見つけた式を1つずつ発表させ，その順番通り黒板に掲示します。すると，抜けている数を意識して並べ直す子どもが出てきます。

| 10
− 5
―
5 | 13
− 8
―
5 | 12
− 7
―
5 | → | 10
− 5
―
5 | 11
− 6
―
5 | 12
− 7
―
5 | 13
− 8
―
5 | 14
− 9
―
5 |

子どもは差一定時に成り立つ計算の性質に気づき始めるので共有させます。

②□の数を変えたときの，式の数の変化を問う

式が5つあることを確認した後，□の数を増やして次のように問います。

> □の数を次のように増やすと，式の数は
> 増えるかな？　減るかな？

□の数を変えたときの式の数の変化を予想させます。「□の数が増えたから式の数も増える」という予想が多いのですが，予想は分かれます。友だちと予想が異なることで，調べてはっきりさせたいという意欲が高まります。

```
  1 0 0      1 0 1      1 0 2      1 0 3      1 0 4      1 0 5
-   9 5    -   9 6    -   9 7    -   9 8    -   9 9    - 1 0 0
      5          5          5          5          5          5
```

2位数－1位数で気づいた性質（被減数と減数を1ずつ増減させても差は変わらない）を活用すると，同じように5つの式が見つかります。多くなると予想していたのに，式の数が同じになることに子どもは驚きます。そして，同じ数になる理由を考えたいという意欲を高めます。ここで，「10－5」と「100－95」などを対応させることで，被減数と減数は1ずつだけじゃなくて90ずつ変化させても（同じ数ずつであればいくつずつでも）答えが変わらないことに気づかせていくと性質の理解を深めることができます。

1つのことが明らかになったところで，「だったら，次は何を確かめたい？」と問い，続きを考えさせます。子どもは自ら条件を変えることを考え，「4位数－3位数でも式は5つになるか確かめたい」「答えが5じゃなくて6だったら，式は6つ見つかるのか確かめたい」と発展させ，主体的に追究をしていきます。

（志田　倫明）

問題提示

主体的に問題にアプローチさせるスキル②（一部を隠す）

> **POINT**
> ❶隠した中から一部分だけ提示する
> ❷子どもだけに見せ，表現の仕方を問う

　思考の対象となるものを隠すと，子どもは隠されたところを見たくなります。学習のねらいに迫る部分を意図的に隠すことで，子どもが自ら着目するようにしかけ，表現したいという意欲を高めます。

①隠した中から一部分だけ提示する

　1年生の「何番目」の学習。テレビ画面に下の図を提示して問います。

　単元の目的は，順序数や集合数を用いて表現したり問題を解決したりすることです。並んでいるものが全員に見えている状況では，その順番や集合を表現したくはなりません。全体を隠し，部分的に見える箇所（ゾウ）を提示します。子どもはゾウが見えていることを指摘しますが，教師は「ゾウなんてどこに隠れているの？」と見えていないふりをします。子どもは伝えようと必死になります。「3番目，3番目」。それでも教師はとぼけてみせます。

「3番目ってここかな？」（右から3番目を指す）。子どもは自分の表現が未熟だったことに気づき，「違う。それは右から。ゾウは左から3番目だよ」と基準となる場所を示すことの大切さに気づきます。

②子どもだけに見せ，表現の仕方を問う

次に教師が見ていない間に壁が動き，子どもだけが見えるように提示します。

「あっ，動物が見えた！」「先生，後ろ！　後ろ！」子どもは大騒ぎです。でも，教師が画面を見ると，壁は元に戻っています（リモコンで操作します）。子どもは見えている。でも教師は見えていない。このような状況になると，子どもは見えていない人に伝えたいという気持ちを高めます。

見えた動物を確認した後は，子どもの実態に応じて展開します。狼とヤギは集合数の表現を含むので，これまでと表現の仕方が異なります。

「狼はどこにいましたか」と問うと，「左から1番目と2番目」と表現したり，「左から2つ」と表現したりします。同じ「2」なのに，「2番目」と「2つ」では差し示すものが異なることに気づかせていきます。

ヤギはもっと多様な表現が期待できます。

「左から4番目と5番目と6番目と7番目」（順序数）

「左から4番目から4つ」（順序数と集合数）

「ゾウから右の4つ」（基準をゾウにして集合数）

この場面でも，同じ「4」でも「4番目」と「4つ」で指し示す部分が異なることを確認していきます。こうして順序数と集合数の理解を深めます。

（志田　倫明）

8 主体的に問題にアプローチさせるスキル③（条件不足にする）

問題提示

POINT
❶ 少しずつ提示する
❷ 「えっ！」という反応に問い返す

　意図的に問題解決に必要な部分や数値を隠し，条件不足にして提示することで，主体的に問題にアプローチする子どもの姿を引き出すことができます。なんの工夫もなくそのまま問題を提示すると，算数が好きな子どもだけが意欲的になってしまいますが，ポイントを押さえながら提示すると，算数の苦手な子どもまで意欲的になるのがこの方法のよさです。

①少しずつ提示する

　4年生「複合図形の面積」の事例です。
　はじめに，次のような問題と図を提示します。

　次の薄い灰色の部分の面積は何cm²ですか。

　問題を見て子どもから「全部見ないと，わからないよ」「長方形かな？

正方形かな？」などの意欲的な反応が見られます。しかし，これは算数が好きな子どもの反応に過ぎません。さらに少しずつ提示していきます。

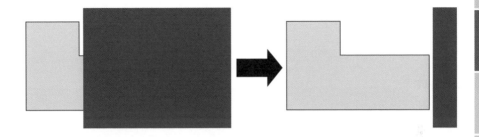

このように少しずつ提示すると，算数の苦手な子どもも興味・関心が高まります。また，隠されていた図形をじっくり観察することにもなり，数学的な見方・考え方を引き出す素地となります。

②「えっ！」という反応に問い返す

隠されていた図形が凹んだ瞬間，ほとんどの子どもから「えっ！」という声が上がります。この声には算数の苦手な子どもも含まれています。

隠していた図形がすべて提示された後に，下記のような発問をします。

> 「えっ！」と言ったのはどうして？

「僕は長方形だと思ったのに，違ったから」
「辺の長さがわからないから，公式を使って求められない」
「長方形が1個だと思ったら，2個になったから」

上記の子どもの説明からわかるように，「えっ！」という声の背後には，複合図形の求積を解決するのに必要な数学的な見方・考え方が含まれています。問い返して言語化させ，それらを板書しておくと，解決に困った子どもへの見通しとして活用することができます。

（種市　芳丈）

問題提示

主体的に問題にアプローチさせるスキル④（情報過多にする）

POINT
❶つまずくところをまず扱う
❷多様な解決を引き出す

　問題解決に必要な数値だけでなく不必要なものも混ぜて情報過多にすることで，多くの情報の中から意図をもって選択するという，主体的に問題にアプローチする姿勢を引き出すことができます。しかし，この方法のデメリットとして，間違った解答が多くなってしまうことがあげられます。そこで，多くの子が正しい解答に行き着けるように配慮した例を紹介します。

①つまずくところをまず扱う

　5年生「三角形と四角形の面積」の事例です。はじめに，次のような問題と図を提示します。

右の図形の面積は
何cm²ですか。

（図：A、B、C、D、Eを頂点とする図形。AB=2cm、AE=5cm、BC=3cm、CD=4cm、DE=2cm）

この問題の予想されるつまずきとして、平行四辺形ABDEの求積の際に、誤って斜辺AEを高さとして使ってしまうことがあげられます。

そこでまず、平行四辺形の高さをどう見ているかを問います。

| 平行四辺形ABDEの高さは何㎝でしょう？ |

「2㎝」
「5㎝」
「4㎝」

もし、高さ4㎝がなかなか理解できない場合には、右のように、図を90°回転させたものを提示するとよいでしょう。

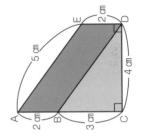

②多様な解決を引き出す

この教材のよさは多様な解決ができることです。もし、子どもが1つの方法で解決した後に、別の方法で求めていたら、下記のように言葉をかけます。

| 他の求め方を考えたところがいいね。 |

友だちがほめられた様子を見て、下記のような求め方がどんどん出てくることでしょう。

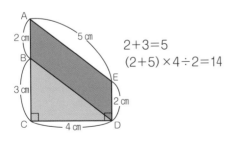

2+3=5
(2+5)×4÷2=14

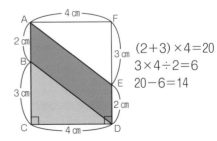

(2+3)×4=20
3×4÷2=6
20－6=14

（種市　芳丈）

主体的に問題にアプローチさせるスキル⑤（オープンエンドにする）

問題提示

> **POINT**
> ❶様々な考えが出るよう簡単な数値から考えさせる
> ❷子どもの考えや疑問を確認，整理しながら進める

　正答が何通りにもなるよう条件づけた問題を「オープンエンドの問題」といい，このオープンエンドの問題を課題とした授業展開を「オープンエンドアプローチ」といいますが，現在では，正答の多様性だけではなく，解決方法の多様性・問題の多様性なども含めた「オープンエンドアプローチ」として認識されています。ここでは，後者の立場で紹介します。

①様々な考えが出るよう簡単な数値から考えさせる

　5年生の小数のかけ算の導入では，次のような問題を提示して，まずは小数のかけ算の式の一般化を図ります。そして，2.5mのような簡単な数値から考えさせると，子どもたちは，「できそう！」と動き出します。

　1m80円のテープがあります。□m買うと，いくらになるでしょう。

この問題提示に合わせて，テープを黒板に貼ります。

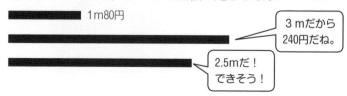

しかし，考えつかない子もいるので他の子からヒントを出してもらいます。

②子どもの考えや疑問を確認，整理しながら進める

①2.5を整数にする　　②まず80に2をかける　　③5mの半分が2.5m

④3m分の代金から0.5m分をひく　　⑤まず80×25を計算

これらのヒントを基に，自分のわかりやすそうな方法でもう一度考えさせます。そして発表。友だちの考えが何番の方法か考え，わからないところを確認しながら整理していきます。

80×2＝160 80÷2＝40 160＋40＝200	「②の方法だね」「どうして2でわったの？」 「0.5m分の代金を出したんだよ」
80÷2＝40 240－40＝200	「240って何？」「3m分の代金だよ」 「80×3＝240のこと」「④の方法だね」
80×5＝400 400÷2＝200	「5m分の代金を出しているね」 「③の方法だね」
2.5×10＝25 80×25＝2000 2000÷10＝200	「10倍したら25mになるね」 「2000は，25m分の代金だね」 「⑤の方法だね」「①の方法とも言えるよ」
80÷10＝8 2.5×10＝25 8×25＝200	「10でわったら0.1m分の代金が出るね」 「25は，0.1mが25個あるということ」 「これは，①の方法だね」

小数のかけ算では，「×○したら，÷○をする」などのかけ算のきまりを確認し，整理しながら授業を進めることも大切です。これは，子どもがつまずくところでもあります。そして，この後は，「×2.4ではどの方法が使えるか」と，これらの方法を結びつけていきます。

（永田美奈子）

問題提示

11 主体的に問題にアプローチさせるスキル⑥（問題づくりをさせる）

POINT
❶子どもが考えやすい数値にし，図や絵に表させる
❷できた問題を吟味し，誤りを確認することで理解を深める

　小数や分数のわり算は，子どもにとってイメージしにくい内容です。そこで，その導入で問題づくりをさせます。そうすると，わり算のイメージが確かになり，さらに，次の学習へ発展させることもできます。

❶子どもが考えやすい数値にし，図や絵に表させる

まず小数のわり算の学習での問題づくりの授業を紹介します。

> 6÷1.5の問題をつくりましょう。

数値は，子どもが考えやすいものにします。そして，どの問題もそれぞれ図や絵に表させます。そうすることで，よりイメージがつきやすくなります。

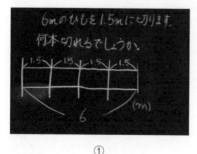
①

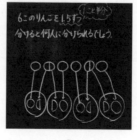
②

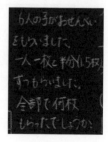
③

②できた問題を吟味し，誤りを確認することで理解を深める

　子どもたちから発表された問題を，一つひとつ吟味していきます。③の問題が発表されたとき，「かけ算じゃないの？」という声が上がりました。よく見ると，1.5×6の問題になっています。子どもに問題づくりをさせると，必ずこのような誤答も出されます。しかし，このような誤答のおかげで小数のわり算の理解がより深まるのです。

　次に，分数のわり算の学習での問題づくりです。

$\frac{4}{5} \div 2$ の問題をつくりましょう。

　ここでも数値は，子どもたちが考えやすいものにします。

　分数のわり算では，「1」を大切に扱いたいものです。右のような問題と図が子どもから出されました。この図をかいた子どもは，はじめは，長方形の横の長さを1m²と捉えていました。このような誤りのおかげで長さと面積の違いを押さえることができました。$\frac{4}{5} \div 2 = 4 \div \frac{2}{5} = \frac{2}{5}$ ということがわかった後，子どもたちから，「わりきれなかったらどうするの？」という声が上がり，次の課題へと発展していきました。

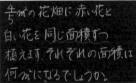
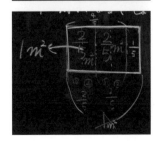

（永田美奈子）

問題提示

全員授業に参加できるようにするスキル①（単純化する）

POINT
❶「これならできる！」からスタートする
❷こまめに意思表示させる

　問題に対し，解決方法がまったく思いつかない子ども，すぐに解いてしまう子ども…。クラスの子どもの思考には様々な段階がありますが，授業のはじめは全員を学びのスタートラインに立たせることが大切です。

① 「これならできる！」からスタートする

　5年生の「小数のかけ算」の事例で説明します（小数のかけ算に限らず，新しい計算を学習する場面では，答えを予想することから始めます）。

　1mのねだんが80円のリボンを，2.3m買いました。
　代金はいくらですか。

　式や計算がわからなくても，次のように3つ選択肢を示すと考えやすくなります。

　答えを予想しましょう。
　①160円より安い　②160円　③160円より高い

　予想は勘でもよいし外れてもよいことを伝えます。まず，子どもと問題に

接点をつくることが目的です。その際，選んだ番号はノートに書かせ，書ける子どもには選んだ理由を書く習慣をつけさせるとよいでしょう。

次に，子どもの予想を聞いていきます。自分の予想が合っているかどうか，自分のこととして友だちの予想を聞くことになります。

②こまめに意思表示させる

かける数が小数のかけ算は未習なので，この日のめあては「小数の計算の仕方を考えよう」となります。

自力解決は「小数のかけ算の計算の仕方を考えること」です。解決の見通しがもてないまま自力解決をさせることを防ぐため，早い段階で子どもの思考を確認します。その際，○，×やグー，パー等のハンドサインで判断させます。思考を2択，3択に絞ると，全員が意思表示しやすくなります。

考えることができる…○，できるけれど心配である…△，できない…×

このとき，○が少なければ，説明を加えるか，できる子に解決方法のヒントを言わせるなどして，多くの子どもが見通しをもてるようにします。また，考えを聞き合う時間でも友だちの考えがわかったかどうか意思表示させます。

友だちの考えが，わかって説明もできる　　　…○
　　　　　　　わかったけれど説明はできない…△
　　　　　　　わからない　　　　　　　　　…×

わからない子が多ければ繰り返し説明させ，その都度意思表示させると，わかる子が増えてきて，聞き手も真剣になります。

「わかる子」と「わからない子」の間を埋めつつ，全員授業に参加させることは算数が好きな子を増やすだけでなく，クラス集団づくりにもつながるので先生への信頼感も高まるでしょう。

（直海　知子）

問題提示

全員授業に参加できるようにする スキル②（視覚化する）

POINT
❶問題を絵や図で表現させる
❷学びの過程を文章化させる

①問題を絵や図で表現させる

　一度読んだだけでは理解しにくい問題は，絵や図で表すことが有効です。その際，完成された絵や数直線を求めるのではなく，まずは子どもが問題を読んで頭に思い浮かぶ絵でよいのです。

　例えば，5年生の「割合」で，下のような問題があります。

> 300mLのジュースがあります。
> このうち，20％が果汁です。果汁は何mLですか。

　割合の問題は，総じて，2量の関係を問題文でつかみ，何を問われているのかを考えることに課題があります。そこで次のように指示します。

> この問題を絵や図で表してみましょう。

　問題文の絵は教科書にも示されていますが，はじめから与えられた絵を見るより，まず自分で問題に働きかけてみることが大切です。その後で教科書の絵を見て比べてみると，理解が深まるでしょう。

次に子どもがかいた絵を，クラス全体で共有します。絵に示されていない言葉や数値が出てきたら，絵につけ加えていきます。問題の概要がわかれば，数直線など，数量の関係を捉える図に置き換えていくとよいでしょう。

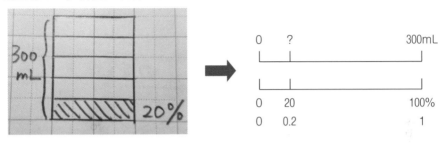

②学びの過程を文章化させる

　学習過程で友だちと考えを聞き合い，話し合い活動が進んでいくと，話題についていけなくなる子どもが出てきます。

　そこで，「どんな考えが出ているのか」「次に考えることは何か」を文章化し，全員で共有することが大切です。

　例えば，文章問題でかけ算かわり算か考えが分かれた場合，

　かけ算かわり算か考えよう。

と，次に考える課題を焦点化して板書します。

　また，解決のヒントになる言葉や，考えも文章化して板書します。

・100％が300mLだから…
・比べられる量はどれになるのかな？

　このように順序立てて文章化していくと，思考の過程が見え，常に次に何を考えるか明確になります。

（直海　知子）

問題提示

問題への興味・関心を高める スキル①(ゲーム化する)

> **POINT**
> ❶子どもが本気でおもしろがるゲームをつくる
> ❷子どもの生きた言葉を引き出す

　問題への興味・関心を高める方法はいろいろありますが、その1つに「ゲーム化」があります。普段は算数に意欲的でない子どもも、ゲームとなれば目の色が変わってきます。ゲームとまではいかなくても、子どもが夢中になる授業はどこかゲーム的な要素を含んでいます。そのポイントは、おもしろさと同時に子どもの生きた言葉を引き出すことにあります。

❶子どもが本気でおもしろがるゲームをつくる

　3年生「小数」の加法・減法の学習で用いる「1Lマスを早くいっぱいにするゲーム」を紹介します。

> 1　グループの代表が教師とジャンケンをします。
> 2　グーで勝ったら0.1L、チョキで勝ったら0.2L、パーで勝ったら0.3Lのジュースを1Lマスに入れることができます。
> 3　一番早く1Lマスをいっぱいにしたグループの勝ちです。

　上のようなルールを説明し、例示のためのモデルゲームをします。一番早く1Lマスをいっぱいにしようと子どもたちは熱中します。おもしろいゲームはなんらかの活動を伴うものです。

②子どもの生きた言葉を引き出す

　教材のゲーム化の一番のねらいは，ゲーム中に発せられる子どもたちの生の言葉にあると思っています。この生の言葉が意外と数理に結びつくことが多いのです。

　そのためには，子どもが活動し，その中で発する生の言葉が大事になってくるのです。

　あるグループのマスは右のような過程でジュースが増えていっています。

　この活動の過程で子どもたちから様々な声が聞こえてきます。

　「1回戦はチョキで勝ったから0.2L，2回戦もチョキで勝ったから0.2Lで0.4Lになります」

　「隣のグループは0.2Lだから，その差は0.2Lです」

　「1Lまで0.6Lだ」

　具体的な操作活動を通して，子どもたちの生の言葉が聞こえてきます。

　3回戦をパーで勝って0.3Lが加わります。

　「1Lマスは何Lになっていますか？」

　「1Lまでは何Lですか？」

　「近くのグループとの違いはどれだけですか？」

　時には教師は，臨機応変にこんな発問を投げかけ，小数の加減について思考させます。そして，「0.4＋0.3で0.7Lです」「1Lまでは0.3Lです」「隣のグループとは，0.7－0.2で0.5Lの差がついています」などの子どもの発言を式に表現させるのです。

（宮本　博規）

問題提示

問題への興味・関心を高める スキル②(計算問題にしかけを仕組む)

> **POINT**
> ❶班ごとや列ごとに違う問題を配付する
> ❷班ごとに黒板に答えを書かせ,違いを吟味する

　問題への興味・関心を高める方法はいろいろありますが,大事なのは「子どもが問題に働きかける状況をいかにつくるか」ということです。子どもの姿で言えば,何かに気づいたときに発する「あっ」というつぶやき,疑問に感じたときの「えっ」,驚いたときや感動した際の「おー」などの反応になります。計算問題でも,ちょっとした「しかけ」をつくるだけで,俄然子どもの興味・関心が高まります。

①班ごとや列ごとに違う問題を配付する

　6年の分数や小数を使った計算問題を例にします。習熟を図る場面においても,ただ問題を与え,解かせるのではなく,ちょっとした工夫を試みるのです。授業では次のような問題をプリントで提示します。

次の式の答えが,1よりも小さくなるものはいくつあるでしょう。

ア　$\dfrac{3}{8} \times \dfrac{4}{5} \div \dfrac{3}{5}$　　　　　　イ　$2.5 \times 1.5 \div 7.5$

ウ　$\dfrac{5}{8} \div 5 \div \dfrac{3}{4}$　　　　　　エ　$0.25 \times 1.25 \times 4$

　まずは自力で取り組ませ,その後班で協力して解決するよう促します。

班での解決が終了したら，解が1よりも小さくなった式の数を黒板の表に書き込ませるのです。ただ，ここでちょっとした「しかけ」をします。3班と5班，それに7班のウの問題を「$\frac{5}{8} \times 5 \div \frac{3}{4}$」に替えておきます。微妙に「÷5」が「×5」に替わっています。ぱっと見ただけではわかりません。この替えた問題の解は1よりも大きくなります。

②班ごとに黒板に答えを書かせ，違いを吟味する

8班あれば次のように板書されます。

班	1	2	3	4	5	6	7	8
式の数	3	3	2	3	2	3	2	3

アの答えもイの答えも「$\frac{1}{2}$」となり1よりも小さくなります。ウの解は「$\frac{1}{6}$」となり，これも1よりも小さくなります。最後のエの答えは「1.25」または「$\frac{5}{4}$」となるので，これは1よりも大きくなります。しかし，これでは何もドラマは生まれないので，ここでは，3，5，7班の問題の一部を替えておいたのです。

3班，5班，7班の3つの班に与えた問題の答えは「$\frac{25}{6}$」となり，1よりも大きいので，3つの班が黒板の表に「2」と書き込みます。その瞬間，答えが1よりも小さくなる式の数は「3つ」になると確信をもっている子どもたちの表情が一変します。「えっー」思わず声が出てきます。そして，再び計算し直す班が出てきます。

「本当にそうか，もう一度確認してごらん」と教師が指示しなくても，多くの子どもは調べ直しを始めます（ただ，何度やり直しても結果は同じですが…）。もちろん，問題プリントを比べ始める子どもが出てくると，「しかけ」が見破られるのは時間の問題になります。

頻繁にやりすぎるとおもしろさは半減しますが，時折このようなトラップをしかけると，子どもたちの問題を吟味する目も育ってきます。

(宮本　博規)

自力解決

手が止まっている子どもに考えるきっかけを与えるスキル

POINT
❶これまでに学んだアイテムを使う
❷友だちから考えるきっかけをもらわせる

　手が止まっている子どもは「きっかけ」さえあれば，動き出すことができます。私はこの「きっかけ」づくりのためにヒントカードを渡すことには反対です。職員室で，職員会議のための提案資料を作成していることを想像してください。作成中に困ったことがあったとします。そんなときに，管理職や同僚からヒントカードをもらったりはしないはずです。ただ，ヒントカードをもらうのではなく，アドバイスを聞きに行き，考え続けるきっかけになったことはあるでしょう。

　もしヒントカードを与え続けると，子どもは困ったときにヒントカードを待つ子に育ってしまいます。これでは，子どもたちが一般社会に出たときにも指示待ち人間になってしまうかもしれません。それでは困ります。

　ですから，手が止まってしまった子が再び考えられるようになるために，子どもが自ら動いてその問題を解決しようとする態度を育てることが大切です。

　ここでは，子どもが自ら動いてその問題を解決しようとする態度を育てるための2つのスキルを紹介します。

①これまでに学んだアイテムを使う

　手が止まっている子が動き出すきっかけとなるために必要なのがアイテム

です。
　アイテムとはなんでしょうか。それは，教科書やノート，絵や図です。これらはこれまでに子どもたちが使用してきたものであり，どの子も持っているものです。
　では，それぞれのアイテムをどのように使用していくかについて紹介していきます。
　これまでの学習を振り返るために，教科書やノートを使います。算数はこれまでの学習を基に考えることができる教科です。
　例えば，1年生に以下のような問題を提示したとき，どのように考えてよいかわからず，手が止まってしまった子がいたとします。

> 6＋7の計算の仕方を考えよう。

　このとき教科書かノートを見返すことで，「10のまとまりを見つけること」「加数を分解すること」，または「被加数を分解すること」に気づくことができるかもしれません。気づくことができたら，考え始めることができます。
　しかし，最初から教科書やノートを見返すことはできないかもしれません。そこで以下のように投げかけます。

> これまでの学習で，似ている問題や考え方がなかった？　教科書（またはノート）を見返して探してごらん。

　これを何回も繰り返していくと，教師が何も言わなくても自然と子どもたちは振り返ることができるようになります。「わからないときは，前の学習を振り返ろう」という合言葉をつくってもよいかもしれません。
　「自力解決のときに教科書やノートを使って振り返ることはダメ」と言われる方が中にはいますが，そのまま考えることができず，自力解決の時間が過ぎてもよいのでしょうか。ヒントカードとの大きな違いは，自分から探し

Chapter2　算数授業の指導スキル 50

ているということです。今日の学習と似ている考え方や問題がなかったか振り返りながら探しているのです。ダメな理由が見当たりません。

　続いて，絵や図をアイテムとして使用することについてです。
　文章題を苦手としている子は少なくありません。文章題を目の前にして，どう立式したらよいのかわからず手が止まっている子には，絵や図をかかせることが有効です。
　低学年で，文章題ではわからない子がいた場合には，

> 　問題を絵に変身させよう。

と投げかけ，一文ごと絵をかかせたのち，
　「よくかけたね。何算になるかな？」
　「どう考えたらいいかな？」
と問うていきます。
　中学年ではイメージをもたせてから図をかかせます。

> 　1mが120円のリボンがあります。3mでは何円ですか。

上の問題であれば，

> 　1mを両手で表してごらん。

と投げかけ，両手で表現させます。そして，
　「これが120円なんだって。3mだとどうなるかな？」
と問いかけます。
　さらに，

> 今イメージしたことを，図に表してみよう。

と指示し，図をかかせます。

　高学年では，問題文の数値を簡単な数値に置き換えさせてから，中学年と同じようにイメージして図をかかせ，問題を考えられるようにします。中には，数直線などの図がかけない子もいますが，そういった子には図のかき方を教えたり，教科書で確認させたりします。

②友だちから考えるきっかけをもらわせる

　手が止まっている子，自分の考えに自信がない子は，立ち歩いて友だちからきっかけをもらう。

　このようにして，少しでも考えるための見通しをもつことができたら，座らせるようにします。話しかけるときには，相手に気をつかいながら話しかけるように言っておきます。

　そして，聞かれた方には，「答えではなく，相手が考えることができるきっかけ（ヒント）を言おう」と伝えておきます。

　ただし，1人で真剣に考えている子もいます。そういった子は，「拒否権もあり」というようにしておきます。もちろん，教師に聞きに来てもいいようにしておきます。

　また，手が止まっているときは，頭の中が混乱していることが少なくありません。こういった場合，友だちからきっかけをもらうのではなく，隣の子たちに今自分が悩んでいることを声に出して伝えることで，自分の頭の中が整理されることがあります。

　こうすることで，再び動き始めることができる子がいるということも念頭に置いておきましょう。

（樋口万太郎）

自力解決

ペア対話（小集団の学び合い）を有効に活用するスキル

POINT
① 何を話すのかを明確にする
② 本当に対話したいと子どもが思っているのかを感じる
③ 自然と発生するペア対話を認める

　自力解決の後に必ずペア対話を行う授業を見かけることが多くなりましたが，しかし，形式的な取り入れ方をしても，有効に活用することができているとは言えません。
　そこで，ペア対話を有効に活用するスキルを紹介します。

①何を話すのかを明確にする

　6＋7の計算の仕方を考える授業を参観したとき，次のように考えを発表している子ども（Aさん）に出会いました。
　「6は5と1でしょ。7は5と2でしょ。だから10ができて，3をくっつけると13になるよ」
　Aさんがこのように発表した後，先生は以下のように投げかけました。

> Aさんはどう考えたのかな？　ペアで話し合いましょう。

　しかし，多くの子は話し合うことができず，沈黙の時間が流れてしまいました。この先生からの指示自体は悪いものではありません。では，どうしてペア対話が機能しなかったのでしょうか。

原因として,「Aさんの考えが理解できない」「何を話したらよいのかわからない」ということが考えられます。これまで子どもたちは,被加数を分解して（6を3と3に分ける）,または加数を分解して（7を4と3に分ける）10のまとまりをつくることを学習してきていますが,Aさんが発表したのは,これとは別の考えです。
　ですから,例えば,

> Aさんは「10ができて,3をくっつけると」と最後に言っていたけれど,10のまとまりはどこからできたのかな？

といったように,何をペアで話したらよいのかを焦点化して,話す内容を明確にすることが有効です。そうすることで,どの子も話し合うことができます。
　ただし,Aさんの考えがなんとなくでもわかりそうな子が多いときには,
　「Aさんはどう考えたのかな？　ペアで話し合いましょう」
と投げかけるのでももちろん構いません。
　また,「じゃあ,今から〇〇について話をしてごらん」と教師が言うだけでなく,

> 今から何について話をするの？

と子どもたちに問いかけるのも有効です。

②本当に対話したいと子どもが思っているのかを感じる

　校長先生が,教師であるあなたに,次のように言いました。

> 1＋1が2になる理由を隣の先生に説明しましょう。

この指示は話すべき内容自体は焦点化されています。しかし，実際に隣の先生と説明し合ったとして，そのペア対話は盛り上がるでしょうか。「どうしてそんなことをしないといけないの？」「簡単ですぐに話が終わってしまう」などと感じないでしょうか。
　こういったことは，子どもたちも同じように感じていることです。「大人と子どもは違う」などと考えがちですが，大人がペア対話をして有効だなと思うときは，子どもがペア対話をして有効だなと感じることが多いと考えてよいでしょう。
　では，大人である我々は，どのようなときにペア対話が有効と感じるでしょうか。例えば，次の4つの場面があげられます。

・多様な考え方が出てきたとき
・みんなの力を合わせると問題が解けそうなとき
・様々な立場があるとき
・1つの考えをよりよい考えに練り上げるとき

　自力解決の後，形式的に必ずペア対話を行うのと，上記の4つの場面を意識し，必要に応じてペア対話を取り入れるのでは，どちらがより有効と言えるのかは明確です。
　授業を構想する段階で上記の場面を想定しておき，授業では子どもたちの様子を見ながら実際にペア対話を行うか否かを決定します。
　こうすることで，子どもたちが本当にペア対話を必要としているタイミングで取り入れることができます。
　また逆に，当初予定しなかったタイミングであっても，子どもたちから話し合いたいという雰囲気が伝わってきたときには，取り入れます。つまり，本当にペア対話をしたいと子どもが思っているのかどうかを教師が感じることができるかがポイントになってきます。
　必要があれば，ペア対話を授業冒頭に入れても構いません。また，必要が

なければ，ペア対話を一度も入れなくても構いません。大切なことはペア対話を子どもがしたいと思っているかどうかです。

最後に，ペア対話があまり有効に機能しない場面を，いくつかあげておきます。

- 教師が授業展開に行き詰まったとき
- 答えがみんなわかっているとき
- 考え方を確認するだけのとき

③自然と発生するペア対話を認める

教師が指定していなくても，自然とペア対話が起こるときがあります。自然と話し合っていたら，それが子どもたちにとってベストのタイミングなのです。

それにもかかわらず，
「今は話をしたらダメです。1人で考えなさい」
というのはとてももったいないことです。

自力解決は，1人で孤独に考える時間ではありません。集団の中に位置づいたうえで1人で考える時間です。

今回はペアでの活動を「話す」という活動に絞って書いてきましたが，書いてきた内容は「ペアで考える」といった「ペアで○○する」活動すべてにあてはまることです。

（樋口万太郎）

自力解決

スモールティーチャーを活用するスキル

POINT
❶わからない子に主導権をもたせる
❷自分から動いた子をほめる

「スモールティーチャー」とは，子どもが先生替わりになり，別の子に解き方や考え方を教えるというものです。自力解決の時間にこの手法が用いられることが多いのですが，そのメリットには次のようなことがあります。
・早く解決できた子どもが，待つだけの時間にならない。
・解決に時間がかかる子が，教えてもらえることで学習が進む。
・子ども同士のかかわりが生まれコミュニケーション能力の育成につながる。
・教える側に，わかりやすく説明する力が求められ，表現力やさらなる思考力の育成につながる。

このように見るだけでも，スモールティーチャーの活用は意義のあるものと言えます。しかし，次のようなデメリットもあるのです。
・教える側が解き方や答えだけを教えてしまい，聞く側が実際は理解できていない場合がある。
・聞く側は，教えてもらうだけでよいので，それに頼りさえすればいいという雰囲気が生まれることがある。

このような問題をクリアするために，多くの教師は教える側に「答えではなく，考え方を伝えなさい」などと指導をする場合がよくあります。この指導も大切なことではありますが，実はスモールティーチャーの活用をうまく行うには，それよりももっと大切なことがあると考えています。

①わからない子に主導権をもたせる

　右の写真は，私の学級の自力解決の様子です。この中でスモールティーチャーの役割をしているのは，座ってノートを見せている子です。つまり，教える側のところへ聞き手が集まっている，ということです。普通にある，教える側が聞き手のところへ行くものとは逆です。聞き手は，自分で解き方を知りたいから聞きに行っているのです。

　私の考える自力解決は"自分でなんとかする時間"です。スモールティーチャーが来たから教わるのではなく，自分から聞きに行くことを重視するのです。聞きに行って，ノートをちらっと見せてもらうだけで理解できれば，説明を聞く必要はありません。逆に「どう考えたのか教えて？」とインタビューしたり，「もっと詳しく教えて」と頼んだりしてもよいのです。つまり，わからない子に主導権があるということです。"自分でなんとかする時間"なので，なんとかするための選択肢として友だちに聞くことを認めるということなのです。頼んでもいないのに教えられた，などということもなく，わからない子も主体的な活動となっていきます。時間がかかっても１人で解決したいと考えている子にとってもよい方法となります。

②自分から動いた子をほめる

　上の方法は一朝一夕には実現できません。わからない子が自分で動き出すのは勇気がいることだからです。「教えて」と動けたことを，教師が「解きたいと思ったから行動できたんだね」と価値づけることで，「聞きに行くのもいいんだな」となり，主体性が築かれていきます。教師も，"教える"というスタンスから，子どもが"学ぶ"という視点をもっと大切にすることで，スモールティーチャーがより生かされていくと考えます。

（平川　賢）

19 子どもの考えをつなぎながら話し合いを展開するスキル

話し合い・発表

POINT
❶話し合いの素地を様々な教科で育てる
❷「気圧の差」を生じさせ，話したい思いをもたせる
❸板書を工夫する
❹多様な考えが並んだら仲間分けさせ，その理由も問う

　教師ならだれでも，「子どもの考えをつなぎたい」と考えているはずです。子どもが，ある課題解決のために議論し合っている姿は，理想的な授業の姿の1つでしょう。しかし，現実的には話し合いが続くのは意外と難しく，たいていの場合，自分の考えの発表だけに終始することが多いのです。そこで，単なる発表の連続を，話し合いに変えていく方法を紹介します。

①話し合いの素地を様々な教科で育てる

　話し合いができるためには，以下の態度や能力を育てる必要があります。

> ①自分の考えを臆することなく（全員に）言える態度
> ②友だちの考えを聞いて，質問や意見を（気軽に）言える能力

　①については，とにかく全員に考えを表出する機会を増やすしかありません。一方②については，算数の時間より，むしろ他教科の方が適している場合もあります。例えば，道徳の時間。言いっ放しでよいので，様々な感想を次々に言わせます。ただし，たった1つ条件をつけます。それは，「前の人

と内容が重ならない」ことです。この条件を加えるだけで，友だちの発言をしっかり聞き，自分の意見との違いを常に意識するようになります。

②「気圧の差」を生じさせ，話したい思いをもたせる

　さて，話し合いの素地ができたら，次は「伝えたい」という思いをもたせることです。みんなが十分にわかっている簡単な問題なら，話し合いの必要もありません。逆に，とても難しい問題で，だれも手も足も出ない状況なら，これも話し合いにはなりません。つまり，話し合いが成立する絶対条件は，適度に難しい問題に直面し，「わかる」「わからない」のバランスが集団の中で適度にとれていることなのです。

　算数には，子どもが自然に考え込んでしまうよい問題もたくさんあります。そのような問題なら自然と話し合いは活性化しますが，そうもいかない場合もあります。そんなときは，どうすればよいでしょうか。

　そこで大切な考え方が，授業に「気圧の差」をあえて生じさせる，ということです。自然界で風が吹くのは，高気圧と低気圧があるからこそ。算数の授業に置き換えれば，それは「わかっている子どもとわかっていない子どもがいる」，あるいは「わかっていることとわかっていないことがある」状態なのです。

　ところで，話し合いが上手くつながって進んでいく算数授業には，ある共通点があります。それは，なんらかのことにこだわりをもつ子どもが存在することです。その時間に一番輝く子どもがいるということです。どんな小さなことでもよいので，こだわりをもつ子どもを数人はつくりたいものです。その子どもたちを活躍させることこそ，「気圧の差」を大きくすることです。

③板書を工夫する

子どものつぶやきを教師が板書し，そのつぶやきをつなげる

　考えをつなぎながら話し合いを展開するためには，教師が上手にコーディネートする必要があります。そのためには，子どもの発言やつぶやきを聞き

逃さず，それを上手に返してやることが大切なのです。これが，教師の「キャッチ＆レスポンス能力」です。

授業中にふと，子どもがつぶやくことがあります。実は，このつぶやきの中にこそ，授業の核心を突き，本時のめあてに直結する内容が多いのです。ですから，せっかくのつぶやきは必ず残したいものです。ふきだしをサッとかいて，板書しましょう。

授業が終わった後で，黒板を見てみましょう。子どものつぶやきは，どの程度板書されているでしょうか。時にはチェックしてみたいものです。ただし，つぶやきならなんでもよいわけではなく，「こっちの方が簡単」といった簡潔性にかかわるものや，「もう１つあればなぁ…」といった状況を仮定するものなど，次の数学的活動につながるつぶやきこそ拾うべきなのです。

マイチョークを持たせ，どんどん板書させる

板書するのは，何も教師の専売特許ではありません。本当に子どもが課題に対して真剣に向き合い，友だちに自分の考えを伝えたいと思うなら，必ず前に出てきて「黒板を使って，説明したい」と考えるものなのです。

私は，よく「マイチョーク」を筆箱の中に入れさせていました。たった１本の白チョークでいいのです。自分のチョークがあることによって，意欲も高まります。また，学期末に各自のチョークの減り方を調べることによって，その子どもがどの程度黒板を使って説明したのか，つまりみんなの前で自己表現できたのかを，チョークの減った量で評価できるのです。

④多様な考えが並んだら仲間分けさせ，その理由も問う

算数では，答えが１つでも，その解決の仕方が複数ある問題が少なくありません。そういった「多様な考え方」が黒板に並んだ後，次の一手をどうするでしょうか。この場面でそのまま流してしまうと，単なる発表の連続に終始します。

よくある次の一手は，「似ていることは何？」「考え方の違いは何？」とい

った発問です。共通点と相違点を問うのです。
　５年生の台形の求積場面で，次の６つの考えが出されたとして説明します。

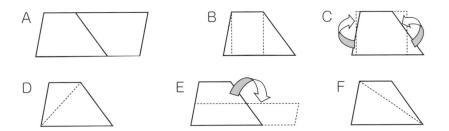

　たいていの場合，ＡからＦまで順番に説明させます。さて，そのときに使わせるのはなんでしょうか。言葉や式などをたっぷりと書き込んだものを使わせてはいけません。なぜなら，子どもはそれに頼って読むだけだからです。
　まずは，上のような図だけで考え方を説明させます。なぜなら，図だけで考え方の区別はできるからです。ただ，面積の学習だと，次に公式につなげないといけないので，図に加え，式は必要かもしれません。場合によっては，図や式をかいた子どもとは違う子どもに言葉で説明させるのも，互いの考えの交流になります。
　黒板で子どもに説明させる際に使うものは，図と式のみ。どうしても必要なら，あとはキーワードのみ。これによって，多様な考えの検討がピリッと締まっていきます。
　さて，「共通点」と言われても，ＡからＦまですべてを網羅する共通点はありません。こういうときこそ，考え方の「仲間分け」をさせるのです。すると，Ａだけは単独，ＢＤＦは同じ仲間，ＣＥは同じ仲間であることがわかります。仲間分けの根拠はなんでしょうか。それぞれ倍積変形，切断，等積変形の考え方です。また，「相違点」と言われても，６種類の考え方の相違点を考えさせても，ピントがぼけます。この学習では，仲間分けさせること自体が，共通点と相違点を考えさせることにつながるのです。

（間嶋　哲）

話し合い・発表

苦手な子どもを話し合いに参加させるスキル

> **POINT**
> ❶教師が自身の安心を求める授業をやめる
> ❷だれもが参加できる問題からスタートする
> ❸共通の話題を学習の中につくっていく

①教師が自身の安心を求める授業をやめる

　算数が苦手な子は，授業の冒頭から苦手意識を全面に表してきます。しかし，低学年のときは体育と並んで算数が好きだったという子も少なくありません。では，いつから苦手になったのか。まず考えられるのは，授業の中での「かけ声」，「いいです」「同じです」そして「ほかにあります」が始まりではないでしょうか。どの子も学びたいと考えています。しかし，このような「かけ声」は，教師が自身の安心感を求めるために子どもたちに言わせているところが大きいのではないでしょうか。このような経験を長期にわたって積むと，子どもたちは次第に口を閉ざし，考えようとしなくなります。

　ですから，まずは教師が安心するための授業をやめ，次に子どもが安心して話せる授業空間にしていきます。この授業空間づくりは，教師が常にアンテナを張り，子どもの声を収集することから始まります。その声の価値を認めていくことが大切なのです。このような授業を日々展開していくことで，算数への苦手意識を和らげていくことができるでしょう。そのうえで…

②だれもが参加できる問題からスタートする

6年生の「対称な形」の学習の冒頭に「美しい形はどれ？」と問いかけ，右のような図形を一瞬見せてすぐに隠しました。子どもたちは，すぐに「もう一度見せて！」と声を上げてきました。このときの声からは，算数への苦手意識はほとんど感じられません。それどころか，

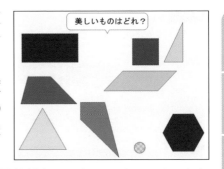

どの子も積極的に「美しいもの」探しに取り組んでいたのです。このことからも，学級全員が取り組みやすい素材を使って授業をスタートすることで，子どもたちの学習への参加意欲を高めていくことができると考えます。

③共通の話題を学習の中につくっていく

　休み時間の子どもたちは，様々な話題で盛り上がり，会話を楽しんでいます。このとき子どもたちの会話の中心にあるのは，「共通の話題」です。お互いに意見や考え，感想などを言えるのは，共通の話題が存在しているからなのです。つまり，子どもたちに積極的に話し合いに参加したいと思わせるには，共通の話題が必要になるのです。

　「速さ」の学習で，ローカル鉄道の走る様子，着陸間近の旅客機の映像を見せました。見た目では，鉄道車両の方が速く見えます。「どちらが速い？」と問うと，少しざわめいた後，少しずつ子どもたちから声が出始めました。はじめは教師から投げかけた問題でしたが，徐々に子どもたちの共通の話題となってきたのです。その後，子どもたちは何がわかれば速さを求めることができるのかなどを近くの友だちと自然発生的に話し合い始めました。日ごろ話し合いに消極的な子も，身を乗り出して参加していました。

　このような授業を1回すれば，子どもがすぐに変容するわけではありませんが，日々のひと工夫と，子どもの声を大切にすることの繰り返しで，話し合いに積極的に参加する子が育っていきます。

（千々岩芳朗）

話し合い・発表

グループ学習を有効に活用するスキル

> **POINT**
> ❶リーダーを置き，活動形態を工夫する
> ❷ペアで解決できなかったことをグループで解決させる
> ❸近くのグループと別の課題を提示する

　グループ学習は，全員参加の授業づくりに効果を発揮する活動です。グループ構成を工夫することで，算数を苦手とする子どもも授業に巻き込むことができます。活動を通して子ども同士のつながりが強くなり，「みんなで解決するぞ」という学び合いの心を育てることもできます。ただ，目的をしっかりもたせないと，子どもたちにとって何も得るものがない活動になってしまいます。「活動あって学びなし」です。
　そこで，グループ学習を有効に活用するスキルを紹介します。

①リーダーを置き，活動形態を工夫する

　「男女仲がよい」「違う意見・考えにも耳を傾ける」「困ったときには寄り添う」。こんな，他者を肯定的にみる支持的雰囲気が子どもたちにあることが，グループ学習成立のための土台になります。あとは，役割分担をしたり，作業全体の進捗状況を把握したりできるようなリーダーを各班に1人ずつ配置できたら，グループ学習をスムーズに進めることができるでしょう。
　作業に合った活動形態も考えておかねばなりません。机を向かい合わせて活動することが基本でしょうが，机も椅子も移動させ，床で活動することも考えられます。時には，黒板前，教室の後ろなどと場所を指定してワークシ

ョップ形式で活動することも考えられます。

②ペアで解決できなかったことをグループで解決させる

2年生の事例で説明します。

ペアで，面をつなぎ合わせ，箱の形をつくり上げるという授業です。各ペアに，バラバラになっている面を3枚配付します。ペアで面を組み合わせて箱の形をつくっていきますが，当然「面が足りません」という反応が返ってきます。そこで，

> 先生に面を注文して箱を完成させよう。
> ただし，注文は1回につき1枚までです。

と投げかけます。

子どもたちは，貼られた面をじっくり見て，どの面を注文するか相談します。

ただ，何を根拠に面を注文すればよいかわからず，手が進まないペアが出てきます。

そこで，

> 前後のペアで一緒になって，グループで箱の形をつくりましょう。

と指示を出します（4人の班それぞれにリーダーになれる子どもが必ず入るよう，席をあらかじめ操作しておきます）。

「面にマスがあるでしょ。それを数えると，どの面がぴったり合うかわかるよ」

「25マスと15マスの面がほしいから，①を注文しよう」

このようにして，どのグループも必要な面を注文して，箱を完成に近づけていきますが，

> ごめん，そのパーツは売り切れちゃった。

と，どの班もパーツが1つ足りず，完成しないよう仕組んでおきます。
「せっかくここまでできたのに」
「完成させたい。どうにかできないかな」
ここで再び，グループでの話し合いがスタートしました。
「先生，切ってもいいの？ ④の面を2つに切ると，僕たちと3班が完成するんだけど…」

> 切ったらできそうなの？ じゃあ，切ってみるよ。

最後の1つは，切ることでつくるように仕組んでいましたが，グループで「箱を完成させたい」と必死で考えたことで，このアイデアを生み出すことができました。新たにつくられた4つのパーツをつなげ，すべての班が箱を完成させることができました。

> ペアで難しかったことがグループでできました。
> Aグループの考えのおかげで，クラスみんなの箱が完成しましたね。

最後に，グループ学習のすばらしさを振り返り，価値づけました。

③近くのグループと別の課題を提示する

3年生の実践で紹介します。
6つのグループに，隣のグループと同じにならないように課題を替えた指令書（①が20×20，30×30，40×40の3種類）を渡します。

下の指令の計算を筆算で解きましょう。
＜指令＞①20×20　②21×19　③22×18

まずは，個人で計算させ，答え合わせで答えを板書していきます。すると，「あれっ，答えの減り方が一緒だ」という声が上がるので，

たまたま答えの減り方が一緒だったみたいだね。

と揺さぶってみます。すると，
「この先も答えの減り方は一緒かな？」
「1人で調べるのは大変そう」
「グループでもっと先まで調べたい」
といった反応があり，教師が指示を出さなくとも，グループ学習がスタートしました。

「私は，23×17をするから，あなたは24×16をして」
リーダーが指示を出し，手分けして計算を始めます。時間をとり，ある程度計算結果が出たところで，1つずつ式を発表させます。
「やっぱり減り方は一緒だ」
「減っていくこの数，どこかで見たことがある」

2班からでた疑問，みんな見たことがあるはずだよ。

すると，班で協力して探し始めました。
「あった，九九の表の斜めだ！」
グループで学ぶ意欲が高まり，理解が深まった瞬間です。　　　　　（瀬田　浩明）

話し合い・発表

ジグソー学習を活用するスキル

> **POINT**
> ❶エキスパートグループでの思考の過程を可視化する説明書をつくる
> ❷ジグソーグループで対話する「対話の視点」を明確に設定する

　ジグソー学習の本質は，すべての子どもに対話の機会を保障することです。すべての子どもが対話できるようにするためには，すべての子どもが「ある程度」の自分の考えをもつ必要があります。そこで，すべての子どもが自分の考えをもち，本時の数学的本質について対話するための工夫を紹介します。

　ジグソー学習を用いた算数授業について説明します。ジグソー学習はエキスパートグループとジグソーグループという2種のグループ学習を組み合わせた学習法です。ジグソー学習の流れについて4年生の複合図形の面積の学習を用いて説明します。下図のような3種のエキスパート問題が出されたとします。エキスパート問題とは，エキスパートグループに出される問題のことです。

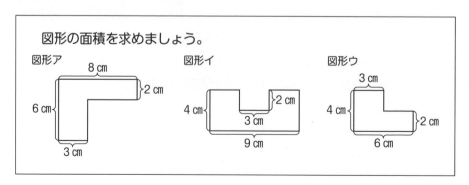

エキスパート問題の問題数が各グループの人数になります。そのため，この例では３人組で学習を進めます。最初に３人組でジグソーグループを組織します。最初の活動はジグソーグループの３人組の中で，図形アから図形ウのどの問題を担当するかを子どもたちが相談して決めることです。その後，ジグソーグループの３人組が３組集まり，図形アを担当した３人，図形イを担当した３人，図形ウを担当した３人が集まり新たな３人組をつくります。この新たな３人組がエキスパート問題を解くエキスパートグループです。このエキスパートグループで３種の問題のそれぞれを解き，その解き方の説明書をつくるのが第二の活動です。このとき，担当した問題以外の問題の詳細についてはわからないようにします。その後，元のジグソーグループに戻り，自分が担当したエキスパート問題について説明するのが第三の活動です。３人がそれぞれの問題を説明し終わり，納得し合った後，ジグソーグループ内で「対話の視点」について話し合います。最後の活動として，学級全体で各エキスパート問題の解法について確認し合った後，「対話の視点」について学級全体で交流し，授業を終えます。

　以上の流れをまとめると下の表のような流れとなります。ここまでの流れで２時間分の流れになります。

ジグソー学習を用いた算数学習の流れ

時間	学習形態	主な学習活動
1	ジグソーグループ	担当するエキスパート問題を決定する
1	エキスパートグループ	担当したエキスパート問題を解決し，その解き方の説明書をつくる
2	ジグソーグループ	担当した各エキスパート問題を説明し合い，対話の視点について対話する
2	学級全体	各エキスパート問題の解き方について確認し，対話の視点について対話する

①エキスパートグループでの思考の過程を可視化する説明書をつくる

　エキスパートグループでの「ある程度」の問題解決の過程を，問題解決の説明書として1枚の紙に記録し，それを基にジグソーグループでのエキスパート問題の説明活動を行うことがまず重要です。それは，各エキスパート問題の解法についての思考を可視化し，ジグソーグループでの深い学びを実現するツールとなるからです。

　対話において，人はもともともっている自分の理解と結びつけながら他者の話を理解しようとします。その思考の過程においては，話し手の話に基づきながらも，時には話し手の話から外れたことを考えることもあります。このようなことはだれにも経験があるでしょう。これは思考対象の多面的な理解につながります。この多面的な理解は単に他者の話を聞くことのみよりも，思考が可視化された説明書に基づいた説明をされたときの方が生じやすいと考えられます。説明内容から多少外れた多面的な内容について聞き手が考えていても，可視化された説明書があればいつでも容易に説明者の説明に戻って考え直したり，説明書を基に新たなことを考えたりできるからです。

　エキスパートグループで実際に説明書をつくる活動では，グループで1枚のみの説明書をつくることが重要です。用紙の大きさはＢ４用紙くらいで，水性マジックを使えば黒板に貼ったときにも見やすくなるでしょう。文字の大きさは，あらかじめ説明書に見本の大きさを印字しておくとよいでしょう。なお，エキスパートグループでの説明書づくりでは，説明書を書く人，それを周りで見ながらいろいろな気づきを発する役割の人に分かれ，またその役割を何度も交替しながら説明書を仕上げていくことが大切です。そうすることで，説明書づくりでも多面的な深い理解が生じやすくなるからです。

②ジグソーグループで対話する「対話の視点」を明確に設定する

　ジグソー学習の本質であるすべての子どもの対話の保障は，第2時のジグソーグループでの「対話の視点」についての対話で実現されます。この「対話

の視点」は単なる個々のエキスパート問題の解き方の共有化ではありません。それでは，この「対話の視点」はどのように設定されるのでしょうか。

　この「対話の視点」は，確かな教材研究に基づいた学習目標の設定から生まれます。上記の複合図形の求積の学習目標は「複合図形の面積の求め方を考える活動を通して，複合図形の求積も長方形の求積に帰着させればよいことに気づき，複合図形の面積を求めることができる」です。学習目標を上記のように「〇〇の数学的活動を通して，子どもが□□に気づき，△△することができる」という形で記述できれば，どのような活動を教師の手立てとし，子どもにどのような数学的な考え方に気づかせ，どのような子どもの姿を目指すのかがはっきりします。このような形式で記述した場合の「子どもに気づかせたいこと＝本時の本質となる数学的な考え方」が「対話の視点」となります。複合図形の例ならば，ジグソーグループでの「対話の視点」は「3つのエキスパート問題の解き方の共通点はなんでしょう」となります。この対話は，「個々のエキスパート問題を解くという数学的活動」を対象とした数学的活動となります。このような「数学的活動に対する数学的な活動」，いわばメタ数学的活動を設定することが数学的な深い学びを実現するポイントです。

　ジグソーグループでの「対話の視点」についての対話に参加するための前段階として，自分が担当したエキスパート問題について「ある程度」説明できることが重要です。この「程度」はエキスパート問題によって異なりますが，エキスパート問題の解決過程において，本時の本質となる数学的な考え方につながる考え方をしていることがその条件です。複合図形の例ならば，エキスパートグループでの活動で，担当したエキスパート問題の求積ができている状態となります。この際，多くの子どもたちは「長方形に帰着して考える」という数学的な考え方のよさに無自覚なことが多いでしょう。この数学的な考え方のよさに「対話の視点」に関する対話を通して気づくことが，深い学びにつながるのです。

（松島　充）

話し合い・発表

誤答や誤認識を生かすスキル

POINT
❶誤答や誤認識の価値・質を吟味する
❷何が違うのかをみんなで考えさせる
❸取り上げるタイミングをはかる

①誤答や誤認識の価値・質を吟味する

「誤答」や「誤認識」が,話を聞いていない子のトンチンカンな答えなのか,既習事項の理解が十分でないために起こったのか,また,誤答や誤認識とは言えないが,これからの学習に生かせる価値を含んだものなのか,その価値・質を瞬間的に判断する必要があります。

また,学級内に誤答や誤認識を愉しむ(どんな考えも学級全体で受け止める)支持的な風土を培っていくことも重要です。この支持的な風土は,教科学習のみならず,特別活動や行事の中でも育っていきます。支持的な風土の醸成があって,誤答や誤認識を愉しむ学級が築かれていきます。

②何が違うのかをみんなで考えさせる

誤答や誤認識が発表された途端,すかさず「違いま～す。ほかにありま～す」という大きな声。さらに教師の「それではほかの考えは」と追い打ちをかけるような声。よく見られる光景ではないでしょうか。これでは,誤答を生かすどころか,誤答を発表した子は徐々に考えを発表することに抵抗を覚えることになります。こんなときは,「○○さんは,どうしてそう考えたの

かな？」「○○さんの考えのどこを変えるとみんな納得できるかな？」などと問い返してみてはどうでしょうか。きっと子どもたちからは、「○○さんは、…のように考えたんじゃないかな」や「○○さんの考えの、…のところを変えると、ぼくの考えと同じになるよ」などと考えが出されるでしょう。そして、その考えを吟味し学級全体のものにしていくことで、誤答や誤認識から始まった算数が、今日の学習へと進化していくのです。

③取り上げるタイミングをはかる

　子どもたちの発言やつぶやきの中には、誤答や誤認識とは言えないまでも、次の学習に生きる価値を含んだ考えがあります。そんな考えをどうするとよいのでしょうか。今取り上げるべきか、時間をおいて子どもたちに提示するべきか、この時間には取り上げないのか…。この判断の根拠は「教材研究」に他なりません。教科書の問題を解き、考えをまとめるといった子ども目線に立った教材研究と、数学の定義を基に考えた算数としての教材研究の両面が大切なのです。今日取り上げるべきではない発言が出てきた場合は、「おもしろい！　○○さんの考えはおもしろいね。もう少し先でこの考えは大切になりそうだから、そのときまでとっておこう。黒板に書いておくからね」と言って黒板の隅に「○○さんの考え」と板書します。こうすることで発言した子は評価され、きっと満足感を味わうことができるし、学びへの意欲を失うこともないでしょう。

　子どもたちが、一生懸命に考えた末に発信される誤答や誤認識には、大切なものが隠れています。その価値を見いだし、みんなで意味を考えたり、どうすれば正しくなるのか、どこが違っていたのかを考えたりする学習展開を常日頃からしていくことが、それらを「生かす」算数授業につながります。さらに、このような経験は、学級全体を優しい空間にしていくことにもつながります。

（千々岩芳朗）

話し合い・発表

発表のハードルを下げるスキル

POINT
❶だれもがわかることから学習をスタートする
❷ペア対話を通して自信をもたせる
❸子どものスピードをそろえる

①だれもがわかることから学習をスタートする

　なかなか自分の考えを発表できない，算数に苦手意識をもっている子どもも積極的に授業に参加させるには，学習のスタートが大事になります。6年生の「分数÷分数」の学習を例にとります。

例1　今日は分数÷分数の計算の仕方を考えます。
例2　今日は□÷□＝3になるわり算を考えます。

　例1では，最初から難しいとあきらめる子が出るのではないでしょうか。しかし，例2のようにして，まず整数（3÷1など）から始め，少しずつ分数÷分数へと進めると，子どもたちの参加意欲が変わってきます。答えが3になるものを見つけようとして考えを交流することで，答えが3になるわり算の意味がわかってきます。

②ペア対話を通して自信をもたせる

　「発表したくない」「したいけどできない」…など，子どもの思いは複雑で

す。「間違ったらどうしよう」「『違います』と言われたらどうしよう」といった思いを抱いている子はたくさんいるはずです。そこで，「自分の考えを隣の友だちに話し，友だちの考えを聞く」場を設定します。この活動を通して，「ああ，自分と同じ考えだった」「考えを深めることができた」と子どもたちは自信をもつことができ，はじめは自分の考えを表現することが不安だった子も自信を深め，発言への意欲が高まります。このペア対話は，タイミングが大切です。なんでもかんでも対話さえすればよいわけではありません。子どもたち全員がなんらかの考えをもっているときや，考えを聞きたいと思っている瞬間を逃さずに対話の機会を設定することが大切です。

③子どものスピードをそろえる

　子どもたちの理解のスピード，字を書くスピードは均一ではありません。そのことを教師が意識せずに学習を進めていけば，今何をしているのかわからない子が必ず出てきます。そういった子たちは，授業の中で発表することはなかなかできません。そこで，このスピードのずれを授業のところどころで解消することで，今何をみんなが考えているのか，今何を問われているのかを理解しやすくなります。

　子どもたちの活動が活発になると，つぶやきも増えてきます。教師は情報の収集に当たり，その行動や声の価値を瞬間的に判断し，子どもたちに言葉などを返していくことが大切になります。子どもたちの声の価値を判断するには物差しが必要です。その物差しになるのが教材研究なのです。教材研究とは，子どもたち目線で教材解釈を行うと同時に，その時間が終わったときに子どもたちにどんな世界を見せたいのかという数学の定義等を基にした考えをしっかりもつことです。そうすることで，子どもたちの行動や声のもつ意味を明確にすることができるはずです。そして，言葉などから見えてきた価値を確実に評価していくことが子どもたちの自信をはぐくみ，発表への苦手意識を減らしていくことにつながります。

（千々岩芳朗）

話し合い・発表

発表をアクティブにする
ツール活用のスキル

POINT
❶書く内容を制限する（ホワイトボード）
❷子どもが書いたホワイトボードを分類する
❸電子黒板で共有する

　新しいツールが入るとそれを使った授業が流行ります。新しいものを取り入れることで子どもの興味・関心は高まりますし，悪いことではありません。
　しかし，そこに目的が必要です。ツールを使うこと自体が目的になってはいけません。今回のテーマのように「発表をアクティブにするため」といった目的をもってツールを活用したいものです。今回は，主にホワイトボードを使うことで発表がアクティブになる工夫を紹介します。

①書く内容を制限する（ホワイトボード）

　ホワイトボードを個人に持たせて発表までする展開を選ぶと，いくつかの弊害が生まれます。
・相手意識がない発表になる（書いたことをただ読んでしまう）。
・聞き手に必要感がない（書いてあるので見ればわかる）。
・全員参加にならない。
　このような状態は，ホワイトボードに文字，式，図などすべてを記入した場合に起こります。説明が棒読みになり，見ればわかるので聞く必要がなくなるのです。そこで，それをなくすために，書く内容を制限します。
　ここでは5年の面積を例にあげます。

右の台形の面積は？
求め方を考えてホワイトボードに式だけ書こう。

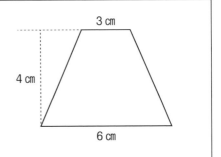

ここでは，おおよそ以下の式があがります。
① (3＋6)×4＝36　36÷2
② 6×4÷2＋3×4÷2
③ (3＋6)×4÷2

これらをホワイトボードに書いて黒板に貼らせた後，次のように問います。

どの式について聞きたい？

ここでのポイントは書いた本人に説明させるのではなく，どの式について知りたいのかをクラス全体に問うことです。そうすることで1人の発表で終わらず，みんなで考えることができます。クラス全体の発表がアクティブになるのです。

また，発表の仕方もアクティブになります。説明するためには，図にかき込んだり，動作化をしたりしないと伝わりません。

①と③の式は似ていますが，違いを説明する授業展開を書きます。

①と③の式は同じじゃないの？

このように投げかけると，
「同じじゃないよ。①は台形が2つで③はこう（横に手をスライドさせる）

切った」
といった説明をする子どもが出てくるでしょう。それをクラスで共有していきます。

②子どもが書いたホワイトボードを分類する

先の問題に引き続きます。

ある程度式の考え方がわかったところで，子どもが式を書いたボードを教師が黒板上で分類していきます（ホワイトボードは裏にマグネットがついているものがよいでしょう）。実際には，子どもの数の分だけ式があるからです。

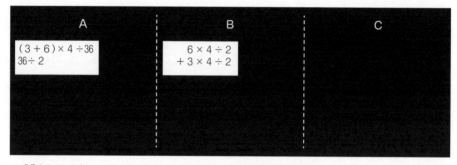

「『(3＋6)×4＝36　36÷2』か，これはAだね」
「『6×4÷2＋3×4÷2』はBだね」
こうやって分けていくと，子どもたちは分類の意味を考え始めます。「きまりがわかった！」と発表がアクティブになることでしょう。

ほかにも，二等辺三角形と正三角形をつくらせて分類したり，わり算の文章問題を等分除と包含除に分類したりと，いろいろな場面でアクティブ化を図ることができます。

③電子黒板で共有する

これからは，タブレットと電子黒板が導入される教室が増えていくことでしょう。次ページの写真は，タブレットに子どもが書いた考えを電子黒板で

一括して見せたものです（ここでは塗りつぶされていますが，実際にはそれぞれに子どもの名前が表示されています）。

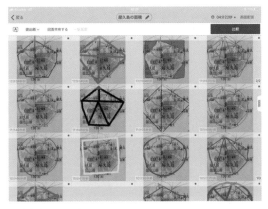

「だれの考えを聞きたい？」
　電子黒板に一括して表示することで，子どもはすぐに知りたい考えの友だちのところに集まり，ミニ発表会が始まります。
　タブレットと電子黒板がない場合は，それぞれのノートやシートを見に行って活動するという流れでした。しかし，新しいツールを活用することで，子どもの考えを共有することが簡単に，早くできます。もちろん，子どもの考えを教師も一括して見ることができますから，だれに，どんな順番で発表させるのかを，手早く検討することができます。こうして発表がアクティブになります。

　繰り返しになりますが，ツールを活用するときには，ツールを使うこと自体が目的になってはいけません。ツールを使う目的「ツールを使うことで子どもたちにとってこんな利点がある」「ツールを使うことで教師の作業がこのように効率化できる」といったことがないといけません。特に，新しいツールを使うときには，従来の方法と比べて何がメリットであり，デメリットであるのかを十分に検討し，ツールに振り回されないで授業を進めていきたいものです。

（清水　修）

振り返り・まとめ

統合・発展につながる振り返りのスキル

> **POINT**
> ❶既習事項との関連がわかるように問題を工夫する
> ❷１つの考え方，解決方法を複数の表現方法で表す
> ❸板書上の子どもの論理の共通理解と確認をする

　統合・発展をする際に大切なことは，振り返ったときに，その道筋を子どもたちが感じられるようにすることだと考えます。したがって，自力解決後の，発表・検討場面でのやりとりの展開を，子どもたち一人ひとりがしっかり理解していることが大切になります。しかし実際には，発表・検討場面での議論に集中すればするほど，その場の議論を客観的に見直すことは難しくなります。そこで，議論の流れがわかるように，つまりここでは，統合・発展の道筋が見えるように，子どもの論理を大切にしつつ，黒板上にやりとりの流れを残していくことが大切になります。ここでは，統合・発展の道筋が見えるような授業展開の工夫を紹介します。

①既習事項との関連がわかるように問題を工夫する

　５年生の「分数×整数」を例に説明します。次のように問題を出します。

> 　１分間に□ dL の飲み物をつくることのできる機械があります。この機械を３分間使います。何 dL の飲み物をつくることができますか。

　文章の中に□の入った問題を板書していきます。子どもたちからは，「□

には何が入るの？」「2dLや3dLだったら簡単に計算できるよ」，または小数値に関する発言が聞かれるでしょう。そこで，これらの発言を受けつつ，□に「4」を入れ，子どもたちに次のように問います。

> 1分間に4dLの飲み物をつくることができるときは？

②1つの考え方，解決方法を複数の表現方法で表す

まず答え（12dL）を聞き，その後そうなる理由を聞きます。例えば，次のような考えが出されるでしょう。

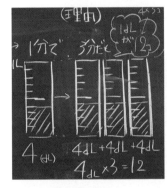

❶液量図を用いて　　　❷数直線図を用いて

「整数×整数」の場合も，❶の液量図や❷の数直線図も取り扱い，「分数×整数」の積が「単位分数のいくつ分」であることにつながるアイデアを視覚化します。「4dL＋4dL＋4dL」や「4dL×3＝12」は，同数累加の簡便算が乗法であることを表すものであり，「4×3コ」や「1dLが12個」は，単位分数のいくつ分につながるアイデアです。

次に，□に「0.4」を入れ，次のように問います。

> では，1分間に0.4dLだったらどうなりますか？

「整数×整数」のときと同じように、まず答え（1.2dL）を聞き、その後、そうなる理由を聞きます。そして、下の例のように、子どもから出された「小数×整数」の意見を「整数×整数」の場合と比較できるように板書します。

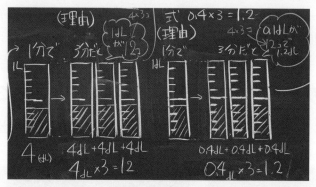

❶液量図を用いて

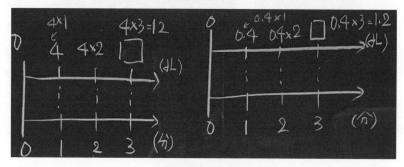

❷数直線図を用いて

子どもたちは、3つ以上の事例からきまりを帰納すると言われています。そこで、「小数×整数」の後、□に$\frac{2}{5}$を入れ、子どもたちに次のように問います。

> それでは、1分間に$\frac{2}{5}$dLだったらどうなりますか？

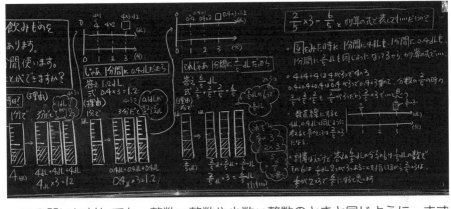

　この問いに対しても，整数×整数や小数×整数のときと同じように，まず答えを聞き，その後そうなる理由を聞きます。板書にあるように，同数累加を用いた「$\frac{2}{5}+\frac{2}{5}+\frac{2}{5}=\frac{6}{5}$」から類推される「$\frac{2}{5}×3=\frac{6}{5}$」や液量図を用いた解決方法が出されると思います。これらの反応を受け，同数累加から類推した$\frac{2}{5}×3$の式を用いてよいかを問います。

> $\frac{2}{5}×3=\frac{6}{5}$とかけ算の式で表してもいいだろうか？

③板書上の子どもの論理の共通理解と確認をする

　この問題を提示した後，子どもたちとともに板書上でこれまでのやりとりの流れをなぞりつつ，確認します。黒板上に，表現の関連性を意識しつつ併記された図があることから，「整数×整数」で用いたアイデアと「小数×整数」で用いたアイデアの関連，さらにそれらと「分数×整数」との関連，つまり構造や論理が似ていることに，子どもたちが気づくはずです。このように，黒板上に併記され，視覚化されたアイデアの関連を手助けとして，統合・発展につなげていくのです。

（高橋　丈夫）

振り返り・まとめ

問題解決の過程で行う振り返り・まとめのスキル

POINT
- ❶数学的価値について話す（振り返る）きっかけをつくる
- ❷数学的価値について書く（まとめる）きっかけをつくる

　問題解決の過程で行う「ミニ振り返り」や「ミニまとめ」は，授業展開上とても重要な役割をもちます。教師・子どもによるその都度の評価が授業の推進力を生み，数学的価値が必然的に板書に残っていくからです。これが，授業終末の豊かな振り返り・まとめにもつながっていくでしょう。そこで，ミニ振り返り・ミニまとめに誘うきっかけのつくり方を紹介します。

①数学的価値について話す（振り返る）きっかけをつくる

　3年生「三角形」で，正三角形，二等辺三角形，その他の三角形を分類・整理する場面で説明します。順にいくつかの三角形を提示していきながら，分類の過程で次のような声を引き出したとします。

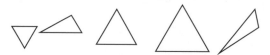

「きれいな三角形ときれいではない三角形があるよ」
　この抽象的な言葉を頼りに，分類の観点である図形の構成要素に着目させることができます。「きれいな三角形？　Aさんは，三角形のどこに目をつけたのかな？」と問い，「辺の長さ」を学級で共有した場面こそ，「ミニ振り返り」の場です。例えば，次のようにきっかけをつくります。

> 「辺の長さ」に目をつけると,どんなよいことがあるの？

 このようにして,今まで漠然とみていた三角形も「辺の長さ」に着目することで分類できることを,学級みんなで振り返ります。

②数学的価値について書く（まとめる）きっかけをつくる

 この「ミニ振り返り」を「ミニまとめ」につなげるきっかけとして,

> 「辺の長さ」の言葉を使って今のみんなのお話を短く書きましょう。

と投げかけます。こういった機会は,授業展開の中で数回訪れます。先の授業展開では,新たに二等辺三角形を提示した場面がそうでしょう。

 今度は新たな分類の観点「同じ辺の長さの数」を学級で共有した場面で,それぞれ以下のように投げかけます。

> 「同じ辺の長さの数」に目をつけると,どんなよいことがあるの？

> 「同じ辺の長さの数」の言葉を使ってお話を短く書きましょう。

 ポイントは,数学的価値を見いだす教師のアンテナです。そのアンテナにかかった数学的価値を学級全体で共有し,「話す」「書く」場をつなげることが価値の浸透・定着を促していくと考えます。

（高瀬　大輔）

振り返り・まとめ

知識・技能を確実に習得させる まとめのスキル

POINT
❶板書を基に知識・技能の意味・価値を再確認する
❷再確認した知識・技能の意味・価値を再生表現する

　授業の終末には，問題解決の過程で活用した価値ある見方・考え方，それによって得られた新たな知識・技能が板書に残されています。まとめの場において，この新たな知識・技能を確実に習得させるためには，再度，その意味理解と価値理解を促すことが大切です。そこで，学級全員の理解を促しながら授業のまとめをする工夫を紹介します。

❶板書を基に知識・技能の意味・価値を再確認する

　3年生「三角形」の事例で説明します。正三角形，二等辺三角形，その他の三角形を分類・整理した板書が次のように残っていたとします。

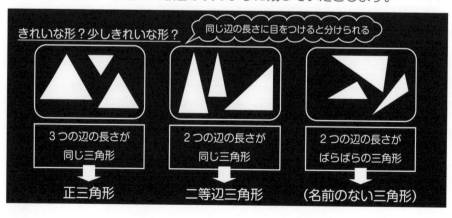

ここで，板書を眺めながら次のように指示をします。

> 今日の授業で一番学べたことはどこか，黒板を指さしてごらん。

ポイントは「あえて選ぶ観点を与えないこと」と「指さし」です。
「一番早い方法は…」などと観点を教師から示すと，せっかく子どもから知識・技能の価値を引き出す場を教師自らが奪ってしまいます。また，発言と違って指をささせることで子どもにとってのハードルを下げることができます。「さん，はい」で学級全員が指をさした後，ペアやグループあるいは学級全体でその指先の位置，その位置を選んだ理由を確認しましょう。

②再確認した知識・技能の意味・価値を再生表現する

もちろん，指さす場所はいくつかに分かれます。中には，1人で複数箇所を指さす子もいます。ポイントは，子どもたちから生まれる知識・技能に関する意味や価値を表す「声（つぶやき）」です。それらの声を拾いながら，次のように本時で一番価値を感じた板書をもう一度選ばせます。

> 友だちが選んだ指先やその理由を聞いて，改めて指さしてごらん。

本時場面では，分類の観点である「辺の長さ」，そして分類した結果として新たに獲得した「正三角形」「二等辺三角形」にまとめが焦点化されるでしょう。それらを黄色や赤のチョークでマークし，次のように指示します。

> 今指さした板書の言葉をキーワードにしてまとめを書きましょう。

まとめる場面において，このような再確認・再生表現の場を取り入れる工夫が子どもの学びの確実な習得につながると考えます。

（高瀬　大輔）

振り返り・まとめ

学習感想を有効に活用するスキル

POINT
❶書く視点を明示し，よい感想を掲示して共有する
❷感想で生まれた問いを深い学びの実現や次時の導入に用いる

　授業の終盤には授業全体を振り返り，それを発表したり学習感想としてノートにまとめたりします。学習感想の記述によって，学びがさらに深まることが期待されます。ここでは，学習感想にかかわる手立てを紹介します。

①書く視点を明示し，よい感想を掲示して共有する

　5年生の事例で説明します。次のような本時の問題が出されたとします。

どの部屋が混んでいますか。	部屋名	A	B	C
	面積（m²）	10	12	12
	人数（人）	7	7	9

　答えはCの部屋ですが，AとCの比較が障壁となります。部屋の面積を60 m²や1 m²にそろえたり，人数を63人や1人にそろえたりするなどして混み具合を比べる数学的活動が展開されるでしょう。深い学びを実現するためには，問題の答えではなく解決の過程とその際に用いた数学的な考え方に着目することが大切です。ここでは「基準量がそろっていれば比較できる」という考え方です。本時の学習感想にこの数学的な考え方を記述できるようにするために，次の2つの手立てを行うことがポイントです。

①問題を解く方法に焦点を当てた本時の学習のめあてを設定する。
②学習感想を書く視点を年間を通してシンプルに設定する。

　本時では学習のめあてを「どの部屋が混んでいるか考えよう」ではなく，「どうやったらどの部屋が混んでいるかわかるかな？」のような問題解決の方法に焦点を当てた疑問文で設定します。そして学習感想を書く視点は子どもたちが使用しやすい次のようなシンプルな視点を設定するとよいでしょう。

ア／本時のめあての答えは？　イ／よい考えは？　ウ／新たな問いは？

　子どもたちの学習感想に，本時の本質となる数学的な考え方に関する内容が書かれていた場合，学級の背面掲示板等にカラーコピーして掲示し共有します。ファイルを用いて継続的に掲示し続けていくことで「よい学習感想の書き方」やその内容としての数学的な考え方を共有することで，学級の文化財として位置づけることができます。

②感想で生まれた問いを深い学びの実現や次時の導入に用いる

　上記の学習感想ウの視点からは，深い学びや次時以降の学習の導入につながる問いが出されることが数多くあります。上記の例の学習感想では，「60m^2で比べた方が簡単なのになんで1人で比べるの？」といった問いが出されることがあります。この場合，部屋の面積，人数の各最小公倍数が大きくなるように設定した部屋数の多い問題を次時に扱うことで，単位量あたりで比較することのよさを味わい直す学習を実現できます。また，次時の学習内容に直結する問いも数多く生まれます。その場合は「昨日の学習でこんな問いをもった人がいたよ」と導入時に紹介することで，子どもたちの問いから算数の問題をつくる数学化を組み込んだ主体的な学習を実現できるでしょう。

（松島　充）

アイスブレイク

授業モードに素早く切り替えるスキル①（低学年）

①なんばんめ

1　問題

前から5番目の人は立ちましょう。

2　答え
　省略

3　ポイント
　机上の学びだけではなく，身体表現を通して学ぶことがアイスブレイクになり，また理解を深めることにもなります。
　30人のクラスであれば，6人×5列をつくります（40人のクラスなら，8人×5列など）。
　『前から5番目の人は立ちましょう』
　早く立てた子をほめます。他にも様々な種類の問題ができます。
　『後ろから3番目の人は立ちましょう』
　『前から4人立ちましょう』
　列を90度回転させて，
　『右から4番目の人は立ちましょう』
　『左から2人立ちましょう』など。
　班対抗戦にして早くできた班にポイントをつけるポイント制にすれば，俄然授業は盛り上がります。

②ブラックボックス

1 問題

箱の中に入っているものの形は，次のうちどれでしょう。

2 答え
省略

3 ポイント
箱の中に以下のようなものを1つずつ入れます。何が入っているのかが見えないようにします。

 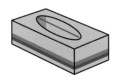

ブラックボックスに手を突っ込んで，どんな形の物が入っているのかを当てます。その際に，中に入っているものの形の特徴を伝えさせることがポイントです。

「角がたくさんあります」
「平らなところと丸いところがあります」
「どの向きにもよく転がります」

それをヒントとして見ている子たちがどんな形なのかを予想するわけですが，自然と形の性質を押さえることができるのがこのゲームのよさと言えます。

③だじゃれ九九

1 問題

> だじゃれになっている九九を探しましょう。

2 答え
（例） 2×9（にく）＝18

3 ポイント

右のような絵を提示します。
『これはなんの絵でしょう？』
「はっぱの絵です」
『だから，8×8（はっぱ）＝64ですね（笑）』

ほかにも絵を見せて，なんの九九を表しているのかを考えさせます。
「2×9（にく）＝18」
「9×4（くし）＝36」
となります。

今度は子どもにもだじゃれ九九を探させます。
「4×4（しし）＝16」
「1×9（インク）＝9」
などが出されるでしょう。

　時間に余裕があれば，見つけたものの絵をかかせ，それがなんの九九を表しているのかを当てるゲームをしても楽しいですね。ある程度絵が集まれば，それをフラッシュカードにして，今後の授業のはじめに九九を暗唱させることもできます。

　単純に九九をフラッシュカードにして暗唱させることはよくあるかと思いますが，それに少しユーモアを加えるだけで，子どもたちの目はより一層輝きます。

④予想を的中させよう！

1 問題

> 教室の横の長さはどれくらいでしょう。

2 答え
（例）6m

3 ポイント
『教室の横の長さはどれくらいですか？』
「5mくらいかな」
「10mよりは短いと思うけど…」
　全員に予想させます。時間があれば，全員が予想した長さを発表します。
　実際に測ってみると6mでした。子どもたちは大盛り上がり。予想に最も近かった子を全員で称えます。
　身の回りのものを実際に測る活動はよくありますが，ポイントは事前に必ず予想させるということです。そうすることで，他人事ではなく自分事として課題に取り組むので，学びに向かう姿勢が大きく変わります。また，予想した長さと実際の長さとを比較することで，量感覚が身につくようになっていきます。
　以下のように自分で測るものを選んで，どんどん記録していきます。

測るもの	予想	実際（m・cm）	実際（cm）

　単位換算の練習をするために，「実際」の枠を2つ設けているところも工夫しています。

（伊藤　邦人）

アイスブレイク

授業モードに素早く切り替えるスキル②（中学年）

①瞬間ゲーム（計算編）

1　問題

> 25÷7の商は？
> 早く言えた人が勝ちです。

2　答え
　3

3　ポイント
　わり算の数が大きくなると，商を立てるのに苦労する子が増えてきます。そこで，3年生のわり算の段階で，すぐに商を立てることができるようにトレーニングをします。
　『35÷9の商は？』「3！」
　クラスの中で一番早く言えた子を称えることもできますし，ペアやグループで勝負するのもよいでしょう。ポイントは，「3あまり4」とは答えさせず，商のみに注目させることです。商も答えも…となると，リズムが悪くなり，子どもたちの心をつかむのが難しくなります。また，はじめからあきらめてしまう子がいるかもしれません。
　はじめは「商のみ」を答えるハードルを設定し，慣れてきたら「あまりのみ」，それもクリアできるようだったら「商とあまり」というように，徐々にハードルを上げていくとよいでしょう。

②正三角形はいくつあるかな？

1　問題

> 右のように正三角形を並べました。
> 正三角形はいくつありますか。

2　答え

13個　（9＋3＋1 個）

　…9個
　…3個
　…1個

3　ポイント

　クイズ感覚で図形の性質を学べる教材です。正三角形の種類は大・中・小の3種類があり，それぞれに9個・3個・1個の正三角形があります。

　一歩踏み込んで，なぜ中・大の三角形も正三角形と言えるのかを説明させてもよいでしょう（（例）一番小さい正三角形の1辺を1cmとすると，中くらいの三角形はすべての辺が2cmになる。すべての辺の長さが等しいので正三角形と言える）。

　また，正三角形の数を増やしたり，長方形の数を数えさせたりするのもおもしろいです。

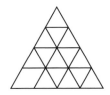
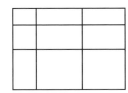

③魔法陣

1　問題

下のような魔法陣があります。
空いているところ（ア〜エ）に数字を入れましょう。

0.6	0.1	0.8
0.7	イ	エ
ア	ウ	0.4

2　答え

0.6	0.1	0.8
0.7	0.5	0.3
0.2	0.9	0.4

3　ポイント

　縦・横・斜めのどこをたしても合計が等しくなる魔法陣。整数の魔法陣が一般的ですが，小数・分数にも応用することができます。
　『はじめにわかるのは，ア〜エのうちどれでしょう？』
　「横一列の合計は0.6＋0.1＋0.8＝1.5なので，アに入る数は…」
　理解度に差が生まれるので，早くできた子には段階的に答えてもらい，最終的には全員が理解できるように促します。

④私はだれでしょう？

1 問題

> 背中の紙に書かれている図形はなんですか。

2 答え
　直角三角形・ひし形など

3 ポイント
　1枚の紙には，直角三角形・二等辺三角形・正三角形・台形・平行四辺形・ひし形・長方形・正方形・円のどれかが書かれています。

　それを1枚ずつ，子どもたちの背中に貼ります。自分の背中には何が書かれているのかがわかりません。

　子どもたちは立ち歩いてペアをつくり，相手に質問します。

　例えば，

「私は角が4つありますか？」

「私はすべての辺の長さが等しいですか？」

「私は2組の辺が互いに平行ですか？」

　「はい」「いいえ」で答えられる質問に限定します。1つのペアにつき，互いの質疑応答は1つずつとし，またペアを入れ替えます。質疑応答を繰り返すにつれて，自分がなんの形なのかがわかってきます。わかった時点で教師に伝えます。

　このようなゲームをすることで，自分の頭の中に図形をイメージし，それぞれの性質を確認することができます。学年が上がるにつれて，角柱や円柱などの図形を含めても視野が広がります。

　また，算数とは直接は関係ないですが，都道府県や歴史上の人物など，いろいろな学びに応用できることも，このゲームのよさと言えます。

（伊藤　邦人）

アイスブレイク

32 授業モードに素早く切り替える スキル③(高学年)

①素因数分解

1 問題

> 今日の授業ナンバーを素因数分解しましょう。

2 答え
　(例) 24＝2×2×2×3

3 ポイント
　5年生で「整数」の単元を学習した後,毎回の授業のはじめに使えるアイスブレイクです。例えば,その日の授業ナンバーが36(36回目の授業)だった場合,36を素因数分解させるところから授業を始めます。
　36＝2×2×3×3となりますが,難しい場合は,
　『2種類の数から成り立っていますよ』
　『36＝(　)×(　)×(　)×(　)』
などのヒントを出すのもよいでしょう。
　ナンバー66＝2×3×11のように,いろいろな種類の素数から成り立つ場合もあれば,ナンバー79＝1×79のように素数の場合もあります。数に親しみながら頭を算数モードに切り替えることのできる方法です。
　学年や発達段階に合わせて,
　『今回は奇数ですか？　偶数ですか？』『24で九九をつくろう』
など,いろいろと応用することもできます。

②瞬間ゲーム（面積編）

1 問題

> 台形の面積の公式は？
> 早く言えた人が勝ちです。

2 答え
（例）（上底＋下底）×高さ÷2

3 ポイント
　面積の学習を終えた後，面積の公式を覚えているのかを確認する際に活用できるアイスブレイクです。

　これまでに面積の学習をしたのは，長方形・正方形・三角形・平行四辺形・台形・ひし形の6種類。教師が尋ねます。

『正方形の面積は？』

「1辺×1辺と対角線×対角線÷2！」

　クラスの中で一番早く言えた子を称えます。ペアで勝負したり，グループ対抗で行ったり，ペアで問題を出し合ったりと，色々と形を変えても盛り上がります。楽しみながら，知識が確実に定着します。

　瞬間ゲームは面積の公式にかかわらず，いろいろな場面で活用できます。

『4と6の最小公倍数は？』

「12！」

『40％は何倍？』

「0.4倍！」

『$\frac{3}{4}$を小数に直すと？』

「0.75！」

　知識・技能を定着させたいときに，このゲームを毎回の授業で何度も繰り返すことがポイントです。

③サイコロゲーム

1　問題

$\dfrac{B}{A} \times \dfrac{D}{C}$ を計算しましょう。

2　答え

（例）$\dfrac{4}{3} \times \dfrac{5}{2} = \dfrac{10}{3}$

3　ポイント

$\dfrac{B}{A} \times \dfrac{D}{C}$ の計算をします。

　4人1組になり，役割A・B・C・Dを決めます。それぞれがサイコロを振り，数字を決めます。例えば，A＝3，B＝4，C＝2，D＝5とします。

　それを基に，4人それぞれが計算をします。$\dfrac{4}{3} \times \dfrac{5}{2} = \dfrac{10}{3}$ となり，全員が $\dfrac{10}{3}$ でそろえば，このゲームはクリアです。だれか1人でも間違えた場合は，もう一度やり直しとなります。

　2人1組で行うこともできますし，$\dfrac{B}{A} \times \dfrac{D}{C} \times \dfrac{F}{E}$ のようにして6人1組で行うこともできます（6人1組の場合は，そろえることがなかなか難しいですが…）。

　また数字が1〜6の範囲の場合，約分できる数が限られています。数を増やす場合には，6面体サイコロだけではなく，30面体サイコロなどを使うこともできます。

　このアイスブレイクは，次の学習につなげることもできます。例えば，
『答えが1になった計算はありますか？』
と尋ねます。

「$\dfrac{1}{2} \times \dfrac{6}{3} = 1$」
「$\dfrac{2}{3} \times \dfrac{3}{2} = 1$」

　このように，積が1になる場合はたくさんあります。これは互いに「逆数」の関係にあり，後の「分数のわり算」で活用できます。

④並び方は何通り？

1 問題

> 並び方は何通りありますか。

2 答え
　　2人…2通り　　3人…6通り　　4人…24通り

3 ポイント

　ペアをつくり，2人を縦1列に並べます。
　『並び方は何通りありますか？』
　「そんなの簡単！」
　次に，3人を縦1列に並べます。グループによって出来栄えに差が生じます。苦労するグループは，ランダムに並ぼうとして思考が整理できません。そこで，スムーズにできたグループから学ぶことにします。動きだけを全体に見せて，どのように考えたのかを考えさせます。
　「先頭を固定すれば，スムーズに考えることができます」
　ABCの3人の場合，Aを先頭にして固定…ABC・ACB，Bを先頭にして固定…BAC・BCA，Cを先頭にして固定…CAB・CBAの6通りとなります。この考えを基にすれば，4人の並び方の場合も24通りとスムーズに答えを出すことができます。
　『では，5人の並び方の場合は？』
　「数が増えて大変！」
　「2通りを3倍したら6通り。6通りを4倍したら24通りになるよ」
　「それだったら，24通りを5倍して…」
　体感を通して具体から始め，きまりを発見して抽象に移行していくとよいでしょう。

　　　　　　　　　　　　　　　　　　　　　　（伊藤　邦人）

発問

問題に対する問い（めあて）を もたせるスキル

> **POINT**
> ❶子どもの思考の流れを捉える
> ❷問いの共有・焦点化を図る

　算数の授業では，「どうして？」「なぜ？」（理由や根拠，発想の源を問う），「どうやって？」（方法や手順を問う），「どういうこと？」（事実や意味を問う）など，様々な発問が用いられます。

　しかし，いきなり，「どうして？」「どうやって？」などと発問しても，子どもに問いをもたせることはできません。子どもが問いをもつ文脈がないからです。教師は子どもの思考の流れを捉え，子どもの内面で驚きや矛盾，対立などが起こる場面と出合えるようにすることが必要です。

　また，1人の子どもが問いをもてたとしても，学級の中には問いをもてなかったり異なる問いをもったりする子どもがいます。そこで，問いの共有・焦点化を図る手立てを講じます。6年「比と比の値」の授業を基に，問題に対する問い（めあて）をもたせるスキルを紹介します。

①子どもの思考の流れを捉える

> 　当たりくじとはずれくじの数の比が3：7になるようにくじをつくります。くじの数を全部で120個にするとき，当たりくじの数は何個にすればよいでしょうか。

本時の文章題を提示しました。この時点で，「はっきりさせたい」「なんとかしたい」という切実感は子どもにありません。まず，「当たりくじの数を求めてみましょう」という指示を出し，自力解決の時間をとりました。
　子どもの多くは，単位量あたりの大きさや比を使って考えていきます。解決の途中で，「変だなぁ」と首を傾げる子どもが現れました。前時に，子どもたちは等しい比の性質を基に，2つの比から部分の数量を求める仕方について学習しています。本時は，全体の数量から部分の数量の求め方について考える学習です。問題の構造を捉えられず，つまずいているのです。
　自力解決を2分ほどで終えるようにし，次の指示を出しました。

> 　困っている人がたくさんいました。線分図から，みんなで考えるようにします。1分ほど時間をとるので，線分図をノートにかきましょう。

　すでに，線分図をノートに書いていた子には，「困っているという人は，どこで困ったと思う？予想をノートに書いておこう」という指示を出しました。

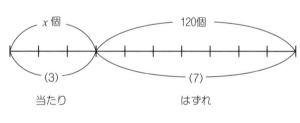

線分図1

　線分図1は，前時に学んだ，「部分：部分」の一方の数量がわかっていて，もう一方の数量を求めるという考え方をしたのです。子どもの素直さが表れた線分図ですが，文章題にある場面とは異なります。子どもが問いをもてるようにするには，正しい考え方から扱わないことがコツです。間違いや不完全な考え方から扱い，読み取る場を設定します。
　線分図1を黒板に位置づけると，「えっ？」「変だよ」という声が上がりました。そこで，友だちの考えを読み取ることを促す発問をします。

> （線分図1を指さして）こういう線分図をつくった人がたくさんいました。この線分図を書いた人の気持ち，わかる？

　実は，線分図1を書いた子は5人でした。「たくさんいました」という表現を用いることで，「変だよ」という声が上がってもはずかしくないようにしたのです。間違えた子を孤立させないという配慮は欠かせません。
　子どもたちから，「前の時間に，書いたかたちの数直線だから」「前の時間みたいに当てはめると，当たりの3の上にxがあって，はずれの7の上に120がある。気持ちはわかるけど，…」という考えが出されました。
　すると「はずれくじの比の上に，120個を置いたらおかしくなる」「前の時間と違って，120個は全部のくじを表している」など，異論が出されました。Aさんは，線分図2を黒板にかいて説明を始めました。

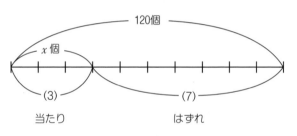

線分図2

「120個というのは，くじ全体の数を表していて，線分図では端から端にないといけない」
　こうして，本時は，全体の数量から部分の数量を求める問題であることを，捉えていったのです。そのうえで，「どうやって全体の数量を求めたらよいのだろう？」と発問し，本時の追究の軸になる問い（めあて）をもてるようにしたのです。

②問いの共有・焦点化を図る

　再度，自力解決の時間を3分ほどとり，自分の考えをもてるようにしました。そのうえで，学級全体の話し合いに入りました。

「Bさんは，こんな式を書いていました」と告げ，120÷10＝12と12×3＝36を板書しました。式を見たC君から，「どうして10があるの？」という声が上がりました。ここで，個の問いを学級全体に広げる発問をします。

> 今，C君は「どうして，10があるの？」と言いました。どういうことかわかるかな？

子どもの言葉を生かし，読み取りを促す発問をする手立ては非常に有効です。C君の気持ちを読み取った子どもから，「問題の文章にはどこにも10がないから，C君はおかしいと思った」「どこから10が出てきたのか，わからないのだと思う」などの考えが出されます。ここで，「10は何を表しているの？」と発問し，問いの共有・焦点化を図ったのです。

子どもたちから，「当たりくじの比である3と，はずれくじの比である7を合わせたもの」「線分図の上の方にある全部のくじは120個になっています。線分図の下の方にある比の全体は3と7を合わせて10。10は全部の比になっています」という考えが出されました。

この後の学習展開でも，読み取りを促す発問をし，問いの共有・焦点化を図りました。

> $3:7=x:120$とノートに書いた人が結構いたんだけど，首を傾げている人もいました。気持ち，わかるかな？

上記の発問によって，「$3:7=x:120$は，どうやって考えたのかな？」という問いをもつことになりました。さらに，「本当は，$3:10=x:120$なのでは？」→「10は何を表しているのかな？」というように変容していったのです。

子どもの問いを軸に授業を展開できると，教師にとっても子どもにとっても授業をもっと魅力的にすることができます。

（中村　光晴）

発問

意味を考えさせるスキル

> **POINT**
> ❶数直線などの数学的な表現を用いて意味づけする
> ❷用語の意味を学習後に再び問い，その言葉を検討する

　算数の指導では，「意味」という言葉がよく出てきます。その使われ方も「数量や図形の意味」「計算の意味」「分数の意味」「文字を用いることの意味」など多岐に渡ります。これらの「意味」には大きく２つの種類があります。１つは算数の学習内容にかかわる意味，もう１つは算数用語の意味です。

①数直線などの数学的な表現を用いて意味づけする

　算数の学習内容にかかわる意味を，５年生「小数のわり算の意味」で説明します。学習指導要領の解説を紐解けば，次の２つであることがわかります。
「Bを『基準にする大きさ』，pを『割合』，Aを『割合に当たる大きさ』とすると，①p＝A÷B　②B＝A÷p」
　もちろんこのまま子どもに指導はできません。そこで，数学的表現，ここでは数直線を使ってイメージをもたせる必要があります。意味がわかるとは，数直線などの図表現で他者に説明できることです。
　まず①についてです。次のような問題があるとします。

> ９ｍの赤いリボンは，1.8ｍの青いリボンの何倍ですか。

　きっと，すぐに立式させたいと思うはずです。しかし，あえて子どもなりの図表現をさせてみて，最終的に次のような数直線に置き換えていきます。

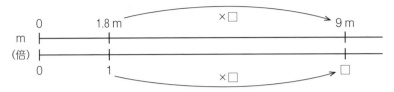

ここまで表せれば，1.8×□＝9の逆算から9÷1.8と立式できます。
次に②についてです。①と同様に，次の問題を数直線で表現させます。

> 1.5Lで240円のジュースがあります。1Lの値段を求めましょう。

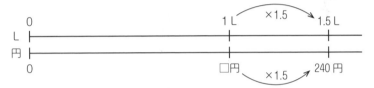

当然，①とは違った数直線になります。どこがどのように違うのでしょうか。このあたりを考えさせることも大切なポイントです。数直線に表した状態で考えれば，□×1.5＝240という関係から，240÷1.5と立式できることがわかります。①と比べると，かけ算の未知数部分□の位置が変わりました。

②用語の意味を学習後に再び問い，その言葉を検討する

算数用語は様々な場面で登場します。例えば，6年生に「円周率ってどういうことか，言葉で説明してください」と問います。その答えに戸惑ったり「3.14です」と答えてしまったりするようなら，円周率の意味を十分に理解していないということになります。正答例としては，「円周の長さが，直径の長さの何倍になっているかを表す数」とか，「円周÷直径（の値）」とかになるのでしょうが，これらは教科書のまとめを暗記すれば解決するわけではありません。そう答えられる子どもにするために，何が必要でしょうか。

学習後に時折，自分の言葉に置き換えさせ，それで正しいかどうかをみんなで検討し合うことが，算数用語の正しい理解につながります。算数指導の中にも言葉の妥当性を話し合う場面を設けたいものです。

(間嶋　哲)

発問

理由や根拠を引き出すスキル

> **POINT**
> ❶どんなときでもそうなる理由を説明させる
> ❷選択肢を設け，そう判断した理由を説明させる

　全国学力・学習状況調査Ｂ問題は，望ましい授業の流れを想定した展開の中で，問いが出てきます。その記述式問題は，次の３つに分類できます。
　①「事実」の記述　　②「方法」の記述　　③「理由」の記述
　これらのうち，③の問題すなわち「理由」を記述させる問題の問い方には共通点があり，それらに着目すると，授業の中ですべきことが見えてきます。

①どんなときでもそうなる理由を説明させる

　長方形の紙を折って，正方形をつくる場面（２年生）で説明します。

　試行錯誤しながらも，例えば右上のように折り重ね，グレーの部分を取り除けば正方形ができます。どんな大きさの長方形を用いても，不思議なことに，いつでも正方形になります。さて，これはいったいなぜでしょうか。
　当たり前のように思えることであっても，あえて「必ずそうなる理由」を説明させます。「こことここが重なっているので，辺の長さが同じ」というように，図形の構成要素に着目した発言が自然に生まれてきます。

②選択肢を設け,そう判断した理由を説明させる

　根拠という言葉は,「根拠を基に筋道を立てて考える」のように使われることが多いようです。つまり,根拠が大切にされるのは,それによって筋道を立てて考えさせたいためなのです。問題解決は,「AならばB」「BならばC」という,論理の連続でしかありません。

　4年生で,ひし形を学習していたときのこと。「(ひし形の) 対角線は垂直に交わる」という性質を,子どもが発表しました。せっかく出てきた発言なので,「正方形はどう?」と聞いてみたところ,「正方形でも,必ず対角線は垂直に交わる」でみんなが一致。「長方形は?」と聞くと,こちらはすべて「垂直には交わらない」で一致しました。何気なく「台形は?」と聞くと,意見はバラバラです。そこで,次の発問をしました。

　台形の性質として,正しい文章はどれでしょうか。
　①どんな台形でも,対角線は垂直に交わらない。
　②台形の形によっては,対角線が垂直に交わることもある。
　③どんな台形でも,対角線は垂直に交わる。

　挙手をさせ,それぞれの選択肢を選んだ理由を考えさせました。
　②が正答です。これを示すためには,以下のような垂直に交わらない台形と,垂直に交わる台形の2つを示せばよいのです。これが根拠になります。

 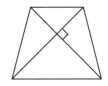

　意見が混沌としてきたら,子どもとともになんらかの選択肢を考え(この活動自体が大事な学習),どれを選ぶか,そしてその理由を説明させましょう。選んだ理由にこそ,真理が潜んでいるものです。

(間嶋　哲)

発問

子どもの思考を揺さぶる スキル

POINT
❶様々な答えを予想させ，そうならない理由を問う
❷ヒント作戦を展開する

「思考が揺さぶられる」とは，子どもの思考がどうなっていることでしょうか。ズバリ言えば，子どもが課題解決に向けて様々に考えていたり，時には「○○だと思っていたけど，もしかすると違うかも」と葛藤していたりすることです。算数の場合，授業のスタート時になんらかの問題（答えは，たいてい１つ）が提示されるはずです。その問題が，考えるに値する良質な問題であることがまずは不可欠です。問題を大きく分類すると，様々な予想が出てきやすい問題と，やや難しく予想も出てきにくい問題があります。

❶様々な答えを予想させ，そうならない理由を問う

量分数と分割分数をきちんと理解していないと混乱してしまう，典型的な問題で説明します。５年生以上であれば，授業でぜひ扱ってほしいものです。

> 全部で２ｍの紙テープがあります。色のついている部分は何ｍですか。

上の問題を見ると，すぐに$\frac{1}{3}$ｍと言いたくなるものです。典型的な誤答です。そのままでも話し合いは十分にできるものの，あえて子どもの思考を揺

さぶるために，$\frac{1}{3}$mではないと思う子どもには，「なぜ$\frac{1}{3}$mでないのかな？」と聞いてみます。すると，次のような様々な考えが出てくるはずです。
「もし$\frac{1}{3}$mなら，$\frac{1}{3}+\frac{1}{3}+\frac{1}{3}=1$になってしまい，答えが２mにならないから」
「全部で１mの紙テープなら$\frac{1}{3}$mだけど，実際はその２倍だから」
商分数を５年生で学習済みならば，$2m\div 3=\frac{2}{3}$mと正答が出てくることも予想されますが，様々な答えに分かれてしまう課題には，「そうなる理由」より，「そうならない理由」を問うと，思考が活性化されるのです。つまり，自分の考えではない考えの論理の矛盾を話させるのです。

②ヒント作戦を展開する

　テレビのクイズ番組でも，難しい問題が出て解答者が困っていると，司会者がヒントを出すことがあります。算数の授業でも同じこと。数人の子どもだけがわかっているときには，それらの子どもにヒントを出させるとよいのです。友だちに対してヒントを考えること自体が，思考を揺さぶります。
　特に高学年の算数の問題になると，この方法は有効に働きます。私は，まず全員を起立させ，なんらかの答えをもっている子どもを座らせます。そして，座っている子どもに，次のように発問します。

> お友だちに何かよいヒントを出してあげない？

　そして，そのヒントを聞いて「あっ，わかった」という子どもには座ってもらうのです。よいヒントが出せたなら，多くの友だちが座ることになります。つまり，ヒントの質がここで問われます。次に，座った子どもは自分がヒントを出す側になります。これらを続けていくと，すべての子どもが着席します。この状態こそが，一人ひとりが自分の考えに自信をもった状態です。
　ヒントを出す子どもはもちろん，ヒントを聞く子どもも，思考がどんどん揺さぶられていきます。ヒントを出している途中の気持ちを語らせることもよいかもしれません。

（間嶋　哲）

発問

統合的に捉えることを促すスキル

POINT
❶条件を整備して，共通している考えを問う
❷きまり（共通事項）のよさを問う

　問題の解決方法は必ずしも1つとは限りません。特に，図形領域では数通りの考え方が存在することがよくあります。しかし，違うように見える考えにも，実は共通する部分があるという場合があります。それを明らかにしたうえで，ほかの場合（場面・内容）も同じように考えられるよさを問う発問をしていくことが大切です。

①条件を整備して，共通している考えを問う

　複合図形の面積（4年生）の事例で説明します。

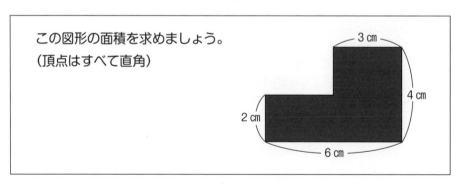

　子どもたちは，長方形（正方形）の求積公式は知っています。また，公式の基になっているのは1㎠の正方形であることも知っています。そのため，

解決方法も既習事項を利用した考えになってきます。
　ただし，解決方法にいたるまでの条件整理をしておく必要があります。それで，次のように問います。

> どんな形が見える？

　「どんな形に見える」ではありません。ここでは，面積を求めることができる図形が見えてくることが重要なのです。多様な考え方を引き出すための伏線になる発問です。
　「長方形がいくつか見える」「小さい正方形（1㎠）がたくさん見える」といったつぶやきが出てくるとよいでしょう。
　次に，条件整備です。

> すべての長さはわかるのかな？

　示されていない長さ，この場合は縦の2㎝，横の3㎝を求める見通しを全員にもたせる必要があります。統合的に考えるためには1人1つ以上の解決方法をもつことが大切だからです。また，これらの活動で「長方形の対辺の長さは等しい」という定理を確認することもできます。
　その後，解決方法が出されます。
　①2×3＋4×3　　②2×6＋2×3　　③4×6－2×3
　④2×(6＋3)　　⑤(4＋2)×3　　⑥2×3×3
　ここで，扱う順番を決めることが重要です。すべてを同時に提示しても，ある程度分類することが大切です。

> 似ている考え（式）はどれだろう？

　すると，次のように分類するでしょう。

「①と②,③はかけ算2つにたし算(ひき算)が入っている」
「④と⑤は(　)とかけ算で似ている」
「⑥はよくわからない」

そこで①と②を最初に扱い,次に③を扱います。それから残りを考えるように順番を決めます。

式を読んで,考え方を図にかき入れよう。

すると,①と②は縦切りか横切り違いで③は補完して除く考えであるとわかります。

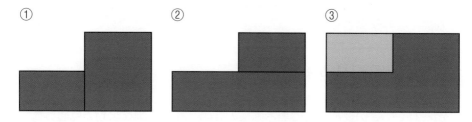

続けて④と⑤について考えますが,難しい場合は,⑥を先に扱ってもよいでしょう。

「⑥は縦2cm,横3cmの長方形3つ分にしている」
という考えに気づくはずです。あとは,上につけるか右につけるかの違いで④と⑤は説明がつきます。

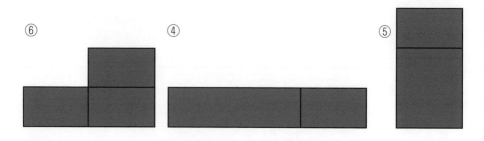

ここで終わると統合的な考えを育てることはできません。最も大事なのは次の発問です。

> どの考え方にも使われている図形は何かな？

　この発問によって「すべて長方形になっている」あるいは「長方形に分けたり，変形したりすればよい」という共通性に気づくことができるのです。

②きまり（共通事項）のよさを問う

　ここまでで確かに長方形を利用すれば，複合図形は面積を求められることを理解しました。しかし，1つの図形の事例しか体験していない中で，統合していくというのは少々無理があります。
　ですから，別の事例（図形）を考える場面が必要です。

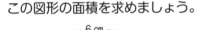

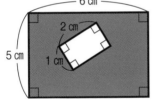
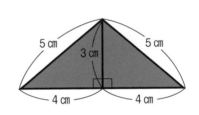

　いずれも長方形を基に考えることで，面積を求めることができます。

> 面積を求めたいときに「頼り」になるのは，どんな図形？

　といった発問が，どんな図形でも「長方形（正方形）」に変形したり，切り分けたりすることで求積できるというよさを実感させるのです。

（藤本　邦昭）

発問

発展的に考えることを促すスキル

> **POINT**
> ❶条件整備で可変要素を問う
> ❷条件を変えて本質を問う

　授業の多くは，拡散と収束を繰り返しながら進みます。個々人が各々の考えや方法で問題解決に向かった後，1つのきまりや結論に向けて収束していく流れです。「発展的に考える」とは，収束の後，さらに拡散に向かう思考法とも言えます。そのポイントは，「条件整備」と「条件変換」です。

　同じところや違うところ，変わった部分などに目を向けて発展的に考えていく発問を紹介します。

①条件整備で可変要素を問う

　2年生の「2けたの加減」で説明します。任意の2位数の減法について考える問題です。

---

①2～8のカードで2けたの数を決める。
②十の位に1を加え，一の位から1をひく。
③その差を求める。

例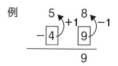

　「超能力をお見せします」と言って，2枚の数字カードを子どもに選ばせます。「実は，すでに答えを予言しています。この数字が出るはずです」とカードを裏返して黒板に貼っておきます。

次に①〜③をやってみせます。
　3と6を選んだので「36」ができました。十の位は1たして，一の位は1ひくと…「45」。45－36＝9。
　予言を書いた黒板のカードには「9」が書いてありました。子どもたちは驚きます。次のように問います。

　本当に超能力なのかな？

　2年生とはいえ，さすがに数人は疑いのまなざしを向けます。
「何かインチキ（トリック）があるはずだ」
「3と6だから9になった。3＋6＝9だからだ」

　3と6だから「9」だったら，他にどんな組み合わせがあるかな？

　この発問で，「2と7」「4と5」が出されます。そして，ここで次のように発問します。

　「9」になる数字の組み合わせを見つけよう。

　「2と7」「4と5」で調べる子どもが多かったのですが，数名は別の数字で調べ始めます。筆算でどんどん計算しています。
【和が9の場合】
　「2と7」→36－27＝9　　　「4と5」→54－45＝9
【和が9以外】
　「4と8」→57－48＝9　　　「2と5」→34－25＝9
　「7と8」→87－78＝9　　　「3と7」→46－37＝9…
子どもたちが騒ぎ出します。
「いつも9になるよ」「どんな数でもこの計算をすると9になるよ」

「例えば3と7は，『37』だけでなく，入れ替えて『73』にしても，計算したら82-73＝9で，『9』になります」
　こういう意見が出なかったら，次のように問いかけます。

> 数字の右と左を入れ替えたら，「9」じゃないよね？

　あえて決めつけるような問い方をされると，子どもたちは調査意欲が向上します。こうやって数字の条件を制御していきます。

②条件を変えて本質を問う

　条件が整えられたら，授業の進む方向は2つあります。
　1つは，「なぜ，こうなるのか」という証明活動。中学年から高学年では，根拠を探す発問も必要です。

> どうしていつも「9」になるのかな？

　補助発問は次のようになります。

> 「十の位に1たす」「一の位から1ひく」ってどういうこと？

　条件制御の後の流れ，もう1つは条件の変化です。ここに発展的に考えるポイントがあります。

> 「1たす」「1ひく」を「2たす」「2ひく」にするとどうなるかな？

　この発問は，本当は子どもから出てきてほしいつぶやきです。それでも，条件を変えることで新しいものが見えてくる活動は，しっかりやっておくべきでしょう。

条件を「1」から「2」に変えただけでも，子どもたちは勝手に予想し始めます。
「1のとき9だったから，2になったら10になるんじゃないかな」
「いや，8に減るんじゃない？」
　これらの言葉をそのまま問いにしてみましょう。

> 「10」か「8」か，どっちになるかな？

　もう，この問いを聞く前から子どもたちは調べ始めます。それでも「乗り遅れる」子どももいますから，きちんと発問して活動を焦点化しておくことは大切です。

「4と8」→66－48＝18　　「2と5」→43－25＝18
「7と8」→96－78＝18　　「3と7」→55－37＝18

> あれ？　「10」でも「8」でもなかったね。

　先の問いが「10」か「8」かなので，それに正しく答える問い返しは，上のようになります。問われたことにきちんと答える子どもにするには，こういった教師の言葉かけが重要です。その後，次のように問います。

> 「9」と「18」にどんな関係があるかな？

　ここまでくれば，子どもたちは「だったら，次は『27』だ」と発展的に考えるでしょう。発展的に考えさせるためには，条件を変える態度を培うことがポイントです。ただし，どの部分を変えるかという視点を育てるために条件を整備していく発問が前提になるのです。

(藤本　邦昭)

板書

授業の流れをわかりやすく示すスキル

> **POINT**
> ❶導入・展開・まとめが見えるようにする
> ❷何についてどう考えたのかを見えるようにする

　教師が教えたいことや子どもから出された考え方を，ただ羅列的に黒板に位置づけていっても，子どもの学びを深めるようにすることはできません。板書では，授業のねらいや意図が表れるようにすることが大切です。

　そこで，板書では，黒板のスペースを大きく３つ，あるいは，４つに分けます。そして，導入・展開・まとめが見えるようにしていきます。

　また，授業のポイントをつかめるようにします。そのために，何についてどう考えたのかが見えるよう，黒板に子どもの考えを位置づけていきます。

①導入・展開・まとめが見えるようにする

　授業の導入では，日付と文章問題を板書します。そして，子どもから引き出した「何が新しい学びなのか？」という内容や解決の見通しなどを，文章問題の下や横に漫画の吹き出しのようにして書いていきます。必ず書かなければならないというものではありませんが，本時の課題を黒板に位置づける板書の仕方もあります。

　授業の展開では，子どもから出された考え方を黒板に位置づけていきます。このとき，数ブロックの操作，図，数直線，線分図などの数学的な表現だけでなく，子どもから出された言葉も吹き出しにして黒板に位置づけます。

　「えっ，どうして…なの？」「もし，…だったら…」「だったら，…も言え

るのでは？」など，授業のねらいに迫るうえで鍵になる子どもの言葉は聞き逃すことなく，黒板に位置づけて共有を図ります。

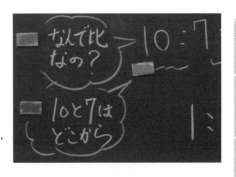

　授業のまとめでは，本時に子どもがつかんだことを板書します。それから，練習問題を板書し，取り組むようにすることもあります。

　授業の終末にまとめを書かない板書もあります。授業の展開で，子どもから出された考え方を押さえるときに，目立つように赤チョークでポイントを書いたり子どもの考えを赤チョークで囲んだりするのです。「1時間の授業で，小さなまとめを2～3つほどつくる」という意識をもった場合の板書の仕方です。

左から右に流れていく板書例

　黒板のスペースを3つ，あるいは，4つに区切って，左から右につくっていく板書があります。一般的によく見られる板書のつくり方です。

　下記の板書例の右端が，まとめや練習問題でなく，もう1つ考え方を書いたり適用問題に当たる文章問題とその解き方を書いたりすることもあります。

考え方を左右で比較できるようにする板書例

　黒板のスペースを3つに区切って，真ん中に，文章問題と課題，そして，まとめを書くようにします。そして，左側に考え方1，右側に考え方2を板書して，考え方を比較できるようにします。考え方の共通点や類似点，相違点を見いだしていく子どもの姿を引き出したいときに有効な板書です。

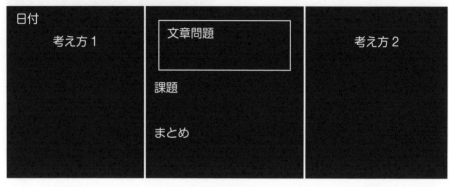

②何についてどう考えたのかを見えるようにする

　1年「ひきざん」の授業を基に，授業のポイントをつかめるよう，何についてどう考えたのかを板書するスキルについて紹介していきます。

　授業の導入で，文章問題を提示し，式をノートに書くように指示を出しました。求差のひき算は，「どれだけおおい」の単元で既に学習済みでしたが，つまずきが表れました。子どもから，7＋12＝19，7－12，12－7の3つの式が出されたのです。それらの式を黒板に位置づけ，「変だなぁと思う式はある？」と問いかけました。教師の問いかけに対し，

子どもから考えが出されていきます。教師は，子どもの考えを吹き出しにして黒板に位置づけ，12－7の式が正しいことを明らかにしていきました。

　授業の展開で，教師は机間指導をし，子どもの見取りをしていきます。その見取りを生かし，黒板のどこにどんな考え方を位置づけるのかを決めます。

　学級全体の話し合いでは，正しい考え方から扱うことをせず，不完全な考え方や間違いから扱うようにしました。「答えが5羽になるはずなのに，7羽取って，答えが12羽というのはおかしい」「式はひく7なのに，数ブロックを14個取るというのは変」など，子ども

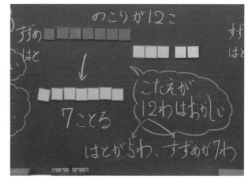

から異論が出されることになりました。教師は，子どもたちの中で現れた考えのズレを強く意識できるよう，黒板に子どもの言葉を位置づけます。そうすることで，子どもの追究意欲が高まるようにしたのです。

　それから，教師は，「すずめと鳩を線で結ぶといい」「あまりのところが答え」など，子どもから出される考えを板書に位置づけていきます。そうして，前時までに学習してきた求残のひき算と本時の求差のひき算では，数ブロックの表し方や操作などに違いがあることを捉えられるようにしたのです。

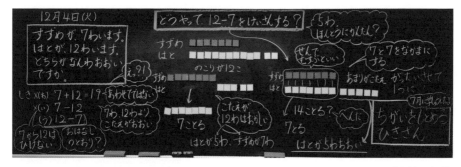

（中村　光晴）

板書

数学的な見方・考え方を可視化するスキル

POINT
❶数学的な表現を黒板に位置づける
❷見方・考え方が表れる言葉を黒板に位置づけ，共有する

　算数には，数ブロックの操作，図，数直線，表などの数学的な表現があります。また，授業では，子どもから様々な言葉が出されます。
　板書づくりでは，問題解決の過程で，数学的な表現や数学的な見方・考え方が表れる子どもの言葉を板書に位置づけることから，思考の広がりや深まりを生み出していきます。1年「たしざん」の授業を基に，数学的な見方・考え方を可視化するスキルについて紹介していきます。

①数学的な表現を黒板に位置づける

　3＋9は被加数よりも加数の方が大きい式であり，未習であることをつかんだ子どもは，計算の仕方を考えていきます。学級全体の話し合いでは，「具体から抽象へ」という流れで，既習である加数分解の考え方から取り上げます。

　Aさんは，黒板上で，数ブロックを7個移動させ，10のまとまりと2をつくりました。ここで，「Aさんの気持ち，わかる？」と発問しました。Aさんの考えを読み取った子どもは，「7個移動させて，10のまとまりをつくりました」「10のまとまりと2で，答えは

12個になります」などと説明していきました。

　子どもから，「10バナナの式ができる」という声が上がりました。「10バナナの式」と子どもたちが命名した式を変身させる考え方を出させることにしました。Bさんは黒板に数を書き，「10バナナの式」を仕上げたのです。

②見方・考え方が表れる言葉を黒板に位置づけ，共有する

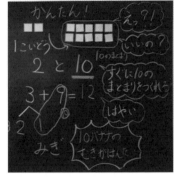

　「おもしろい考えの人がいました」と言い，Bさんに未習である被数分解の数ブロックの操作をさせました。そして，「Bさんの気持ち，わかる？」と発問します。「すぐに10のまとまりをつくれる」「速い」など，数学的な見方・考え方が表れる言葉が出されます。教師は，それらの言葉を黒板に位置づけていきました。

　続けて，子どもが被加数分解の「10バナナの式」を黒板上で仕上げるようにし，考え方の共有を図りました。

　C君から，「10バナナの向きが反対」という声が上がりました。C君の言葉を板書に位置づけ，「どういうことか，わかる？」と発問します。板書を軸に，加数分解と被加数分解の考え方を比較する追究が始まったのです。

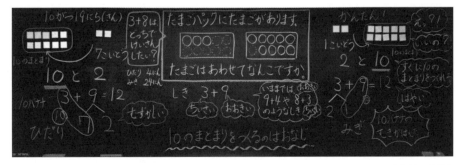

（中村　光晴）

板書

41 子どもの考えを比較したり，関連づけたりするスキル

POINT
❶ 子どものつぶやきを板書する
❷ 布石となる言葉や算数用語を板書する
❸ 板書のレイアウトを工夫する

　子どもたちが授業の中で，「○○さんの考えと似ていて…」「○○さんの考え方が使える！」等と発言することがあります。友だちと自分の考えを比較したり，関連づけたりする場面です。発表を聞いて比較や関連づけができればいいですが，言葉だけが飛び交うと必ずついていけない子がいます。しかし，板書に残っていれば，どの子も友だちの考えと比較したり，関連づけたりすることが容易になるのではないでしょうか。そこで，板書を学習問題や式，答え等を書くだけのものではなく，子どもたちと一緒につくり上げる，子どもの言葉にあふれた板書にしてみませんか。教師が考えを比較したり関連づけたりするのは容易ですが，そうではなく，子どもたち自身でそうできるようにしたいものです。そのための工夫を紹介します。

①子どものつぶやきを板書する

　黒板に何を書くべきか。学習問題やめあてとまとめ，式や答えと正しいことだけを板書していませんか？　子どもがつぶやいた一言，その時点で曖昧であっても，たとえ間違いであっても，なるべくそれを板書に残すようにしています。ただ，違っている場合は△をつけるようにして，子どもたちが後でノートを見返したときに勘違いしないようにする等配慮しています。子ど

もたちのつぶやきを吹き出しで板書に残すことで，子どもの言葉にあふれた授業展開になります。

5年生の事例で説明します。平均を使った活用問題です。

はじめに男子と女子が同数の特殊な場面を取り上げました。この場合は，男子と女子の平均をたして2でわっても平均点は出せます。しかし，男子と女子

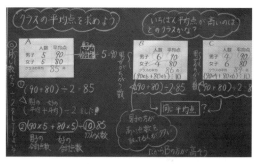

の数が違う場合には，そうはいきません。A組の時点では，子どもたちは男子の平均と女子の平均をたして2でわってもよいと考えたので，それを板書しました。

そして次の問題で，
「さっきの考え方が使えない」
「平均は，合計÷個数なのにあの式はそれになっていない」
「男女が同じ数の場合だけしか使えないんだ」
と自分たちで気づくことができ，深い学びとなりました。

②布石となる言葉や算数用語を板書する

3年生の事例で説明します。「三角形と角」の導入です。本時では，辺の長さに着目して，三角形を分類・整理することで，二等辺三角形や正三角形の定義を理解することが授業のねらいです。

三角形でくじ引きという設定にして，当たりを二等辺三角形，はずれを一般三角形にして，辺の長さに着目させようとしました。半径の長さが等しいということから，2つの辺の長さが同じということに気づかせることをねらっています。

「これは何に見えますか？」
1つめの発問です。すると子どもたちは次々に，

「円！」「点が13個！」
「真ん中の点は中心！」
「半径がある！」
「半径はたくさんあるよ！」
と話し出しました。ここで，中心や半径という言葉を板書し，この図形の見方を全体で確認しました。「半径はすべて等しい長さである」ということ自体は理解していて

も，それが「三角形の２つの辺の長さが等しい」ということにはすぐには結びつかないので，布石として子どもたちの言葉や算数用語を黒板に丁寧に位置づけました。この板書が授業後半の思考につながり，当たりの三角形は辺の長さが同じところがあるということに気づき，板書に書いてある半径という言葉を使ったり，「半径はたくさんある」という導入場面の友だちの考えに関連づけたりして，辺の長さが等しくなっていることを説明することができました。

　次に４年生の事例で説明します。Ｌ字型の面積を求める授業です。この授業では，どの辺の長さがわかれば面積を求められるかを考えさせることで，既習の図形を意識して複合図形の面積の求め方を考えさせようとしました。

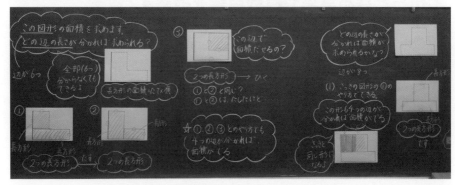

　３つの解法が子どもたちから出されましたが，どの求め方も２つの長方形をたしたりひいたりすることで求積できます。そこで，「２つの長方形」と

いう言葉を板書で残しておきました。するとこの言葉から，考え方を関連づけて，どの求め方も4つの辺の長さがわかれば求積できることを自分たちで導き出しました。また，どの考え方のときも「2つの長方形」と板書することで，統合的な見方を引き出すことができました。

③板書のレイアウトを工夫する

　黒板を三分割して使うことが多いですが，板書のレイアウトを工夫することで，子どもと教師の1対1のやりとりに終わらない，子ども同士の横のやりとりを仕組むことができます。

　2年生の事例で説明します。「時刻と時間」の単元です。校時程を示し，学校生活の中で15分を探すという学習です。黒板の中央に校時程を示し，その周りに子どもたちが考えたことをつけ加えていきました。軸になる資料を中央にもってくることで子どもたちが考えをどんどん関連づけていきます。

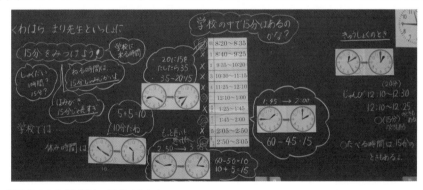

「そうじの時間も15分だよ」

「そうじは，1時45分から2時までだから，〇〇さんみたいに35－20とかの計算で答えが出せないよ」

「2時を60と考えて，60－45にすれば，〇〇さんの考えが使えるよ」

　板書の時計を指さしながら，自分たちで言葉をつなぐ姿が見られました。

（桑原　麻里）

板書

アイテムを効果的に活用するスキル

POINT
❶ミニ画用紙を使って可動型の板書にする
❷ネームカードを使って学びの自覚を促す
❸ホワイトボードペーパーを使って図の活用を促す

　板書は，クラスみんなのノートのような役割を果たします。ここには，子どもが思ったことや考えたことが構造的に表されていく必要があります。
　ここでは，そんな子どもの思いや考えに寄り添った板書をつくるために役立つ3つの「アイテム」の使い方を紹介していきます。

①ミニ画用紙を使って可動型の板書にする

　板書というと，どれだけ美しく整理された板書を書くかが重要視されることが多くあります。もちろん美しいに越したことはありませんが，一番に考えなくてはならないのは，子どもの思いや考えに寄り添った板書であるかどうかということです。
　実際の授業において，事前に作成した板書案通りに黒板を書くことがあります。板書案を予め考えることは，子どもの思考を想定することにもつながることですからとても重要です。ただ，「案」は所詮「案」です。実際の子どもの考えや授業の展開に合わせて，柔軟にその書き方を変えていくことが大切です。
　そこで，「ミニ画用紙」を活用する方法を紹介します。
　この画用紙には，子どもから出てきた考えを簡潔に書いたり，式を書いた

りします。書く量によって画用紙のサイズを選べるように，少し手間はかかりますが，できればいくつかのサイズの「ミニ画用紙」を用意しておくことをおすすめします。

こうすることによって，いつでも，状況に合わせて板書を変化させることができます。

大切なことは，教師が考えをつなげたり分類したりするのではなく，子どもの気づきを基に板書を整理していくことです。

ミニ画用紙はいつでも動かせますから，「この考えとあの考えは，結局，同じことだよね」などという発言が出てきたなら，その2つの考えが書かれた画用紙を近づけることが可能です。

こうした「ミニ画用紙」を使うこと1つでも，子どもの思いに寄り添った「可動型」の板書をつくることに役立てられるというわけです。

②ネームカードを使って学びの自覚を促す

板書には子どもたちが何を考えて何を思い，どんなアイデアを生み出してきたのか，その1時間の学びのプロセスが位置づきます。

ただ，子どもが黒板をそのまま眺めたりノートに写したりするだけでは，それまでの学びのプロセスが抜け落ち，結果として導き出された個別の知識ばかりが印象に残ってしまうことがあります。

そこで，「ネームカード」を活用することで，子どもが自分や友だちの数学的な見方・考え方を自覚したり，1時間の学びを振り返ったりできる方法を紹介します。

ネームカードは，できれば子ども1人につき複数枚を用意し，色や形も変える工夫をしておくと，様々な場面で同時に使用することができます。

例えば，1年生の「ひき算」の学習で，次のような問題を出したとします。

> こうえんでこどもが6にんあそんでいます。とちゅうで，おとこのことおんなのこがあわせて3にんかえりました。こうえんのこどもはなんにんになったでしょうか。

　子どもたちの中には，場面のイメージを十分に広げる前に問題文の中の「あわせて」という言葉だけに注目して立式する子がいます。すると，「6－3」「6＋3」という2つの考えが出てきます。
　このとき，以下のように投げかけます。

> 　どうしてその式にしたのか，問題文の中のここが理由だよ，というところにネームカードを貼りましょう。

　ネームカードを貼ったところは，子どもたち一人ひとりがこの問題を解決するために注目した着眼点を示しています。
　これによって自分がどんな見方で考えたのかが意識されますし，友だちと自分が着目している場所が違っているということも明らかになります。
　こうした「ネームカードを貼ってごらん」という投げかけは，1時間に1回だけでなく何度も行うとよいでしょう。子どもの見方・考え方が変化していくことが，本人にも私たち教師にも見えてきます。

　また，授業の終わりに学びを振り返る場で活用する方法もあります。授業の終盤に，次のように子どもたちに投げかけます。

> 　自分が今日の学習で一番大切だと思ったところにネームカードを貼ってごらん。

「振り返りをさせたいけれど、ノートに書かせる時間はない」そんなときにも便利です。ネームカードを貼るだけでも簡単に1時間の学びを振り返ることにつながり、子どもが1時間の学びのどこに価値を感じたかを見

ることで、教師自身の授業評価にも生かしていくことができるのです。

③ホワイトボードペーパーを使って図の活用を促す

　ここでは、ホワイトボードペーパーを活用した板書方法をご紹介します。これは、文房具店に売っている、ホワイトボード用のマーカーで書くことができる紙のことです。

　これを、例えば細長く切って用意しておきます。すると、いつでもどんなときでも「線分図」や「数直線図」として説明に使うことができるのです。必要な線だけ（例えば数直線の目盛り）油性マーカーで書いておくと、ホワイトボード用のマーカーで書く数値などだけ何度もかいたり消したりして使うことができます。

　後は、いつどこで使うのかは子どもたちに任せておくとよいでしょう。あくまで、使うことを強要してはいけません。子どもが自分の意志で使いたくなる場を設定することが大切です。

　他にも、数直線や円グラフ、帯グラフのようなものなど、いろいろなバージョンを用意しておくと様々な場面で活用できます。

(瀧ヶ平悠史)

ノート指導

学習内容をすっきり整理させるスキル

POINT
❶ビジュアルでイメージを伴わせる
❷学び（気づきや発見）を転移させる

算数はできる，できないがはっきりする教科ですが，「できる」ことを「使える」力にまで高めないといけません。例えば，九九を暗唱できる子が，必ずしも九九を「使える」とは限りません。そのためには，学習内容のイメージをもたせることが必要です。

①ビジュアルでイメージを伴わせる

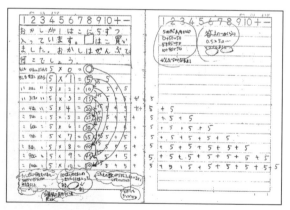

九九の暗唱自体は，学びのゴールではありません。かけ算には同数累加という大切な意味があります。そこで，「5×4」であれば，「5＋5＋5＋5」と書かせます。そして，5の段の九九それぞれに，対応するたし算を順

に並べてノートに書かせると，階段のような形があらわれます。これが同数累加のイメージです。意味もわからず，「ごいちが5」と唱えるのとは学びの深さが異なります。かけ算に限らず，その他の場面でもイメージのビジュアル化は重要です。例えば文章問題でも，立式する力と図に表す力は違う力だと考えたら，学びを深めるためにも図はかかせるべきです。

②学び（気づきや発見）を転移させる

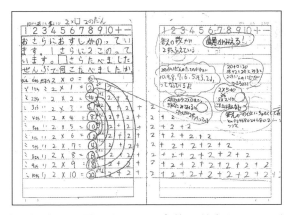

　5の段の構成の授業で，発見をクラス全体で共有し，ノートに残しましたが，「答えの数が5ずつ増えている」（同数累加）という発見は，ほかの段の学習にも転移できます。しかし，「一の位に注目すると，50505…と続く」という発見は，ほかの段に転移できません。子どもたちは，2や3の段の構成の授業でも同じ視点できまりを発見しようとし始めます。「2の段も，答えが2ずつ増えている」「答えの一の位に注目すると，24680…が繰り返される」等の発見が出てきます。発見のレベルは様々ですが，価値の高い発見は残って（転移して）いきます。このクラスでは「2×5と，5×2の答えが同じ」と，交換法則に早々と気づいた子がいました。この段階では，交換法則が他の段に転移できる発見なのかどうかはまだわかりませんが，3や4の段の構成の学習を経て，価値の高い発見であったことがわかり，クラスの共有財産となっていきます。

（木下　幸夫）

ノート指導

思考の過程を
ノートに残させるスキル

POINT
❶友だちのノートを見てもよいという文化をつくる
❷交流を通してノートに考えを広げていかせる

　算数のノートには，①予想→②思考実験→③友だちの考え→④昇華された自分の考え→⑤まとめ（振り返り）等，思考の過程が残されていることが重要です。45分の授業が再現されているノートを目指したいものです。

①友だちのノートを見てもよいという文化をつくる

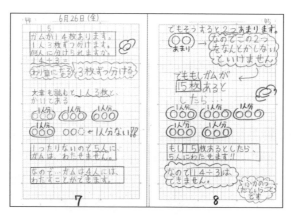

　「図」「式」「言葉」という３つの自力解決のツールを子どもたちに示します。私は図からかかせることが多いのですが，それは先行知識のある子が，意味もわからず式を書き，正答してしまうことがあるからです。式はシンプルな表現なので，その子の考えが読み取りにくいということもあります。

しかし，自力解決の段階で自分の考えを書き始められない子もいます。そこで，「教室の友だちのノートを見回ってもよい」というルールにします（ただし，絶対に「声を出さない・話しかけない」）。自分の考えを真似されたくない，ノートを見せたくない，という子もいるので，教師は「あなたの考えが友だちに認められた証拠。人の役に立っています。あなたのおかげで，クラスの友だちがさらに賢くなります」と伝えます。みんなで学び合い，高め合うという文化は，授業の底流にあるべきです。ノートを見回るのは算数が苦手な子，というイメージにしてはいけません。見回る子は「自分の考えもあるけれど，別の考えにも触れたい子」とします。もちろん，ノートを書き続けたい子には見回ることを強制しません。

②交流を通してノートに考えを広げていかせる

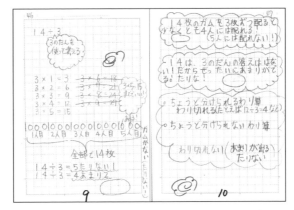

　ノートを見回った後，3～4人の小グループで自分の考えを説明し合わせます。説明が終わった後の活動も指示しておきます。「①自分の考えの続きを書く」か，「②なるほど！　と思った友だちの考えをメモする」かのどちらかです。子どもたちのノートは，様々な思考でどんどん埋まります。最終的に，どの考えが一番おすすめかを書かせたり，すでに書いていた場合は印をつけさせたりします。それが最終的な自分の考えです。学級全体の「練り上げ」（全体交流）を通せばさらに洗練されていくでしょう。

（木下　幸夫）

ノート指導

計算などのミスを生じにくくさせるスキル

POINT
❶繰り上がり，繰り下がりのメモを書かせる
❷ノートの成長 before & after を印刷して配る

　「丁寧な字を書かせたい」と思い，教師はノート指導をしますが，落ち着いてノートを書いている子は，計算ミスを防ぐために自然と字も丁寧に書いています。丁寧に書かせること自体が算数授業の目的ではありませんが，丁寧に書くことの先に，計算ミスの削減や深い意味理解などのよいことがあるのです。教師は，「丁寧に書きたい」と子どもたち自身に思わせることが大切です。

①繰り上がり，繰り下がりのメモを書かせる

　2位数の加減計算（2年）を例に考えます。
　子どもたちの計算ミスで多いのは，繰り上がり（繰り下がり）を忘れて計算してしまうことです。そこで，繰り上がり（繰り下がり）のメモを必ず書かせるようにします。
　「たし算の筆算」を学習し始めたころは，繰り上がりのメモ（繰り上がった数字）に赤で○をつけさせます。計算を終えるごとに，教師は「計算が合っていたら○をつけましょう。繰り上がりメモを書いていたら，それも○をしましょう」と指示し，計算の答えと同じくらいの価値をおいて繰り上がりメモを書けていることを称賛します。同時に，繰り上がりメモを書き忘れてしまった子どもに対して，その場で確実に指導します。

$$\begin{array}{r}2^16\\+\ 3\ 5\\\hline 6\ 1\end{array}\qquad\begin{array}{r}2\ 6\\+\ 3\ 5\\\hline 6^1 1\end{array}$$

　さて，繰り上がりのメモの位置は，教科書会社によって記載が異なります。つまり，算数のルール上，メモの位置は，どちらでもよいということです。そこで，この話を子どもたちにも伝えます。繰り上がりのメモをあなたはどこに書くのか。子どもたち自身に選ばせてもよいでしょう。自己判断を求めるのです。主体的な判断の効果は大きく，繰り上がりメモの書き忘れが激減します。それに伴って計算ミスが減るのです。

②ノートの成長 before & after を印刷して配る

　書き方を指導する前の子どもたちの計算ノートを見ると，計算と計算の間を詰めて書いている子が必ずいます。1マス空けることを指導すると，「もったいない使い方をすると家の人に叱られます」という子まで出てくることがあります。そこで教師から，「ノートは贅沢に使っていいのです。算数の力が伸びる子は，例外なくノートを贅沢に使っています」と話をしておきます。必要であれば，学級通信や保護者会などの機会を通して，保護者にも伝えておきます。

　教師の指導を素直に受け入れて，ノートがどんどん変容していく子どもが現れ始めたときがタイミングです。すかさずほめ，変容（成長）した子のノートをコピーし，学級通信などに掲載して全体に紹介します。その子自身の自己肯定感ややる気を高めることはもちろん，他の子もノート変容のモデルを獲得することになります。

（木下　幸夫）

ノート指導

46 ノートの点検・評価で意欲を高めるスキル

> **POINT**
> ❶印刷して配付し学級の共有財産とする
> ❷コメントの中に教師の感動の言葉を入れる

　子どもたちのノートを，どのように評価されていますか。例えば，「数学的な考え方」はテストの文章題だけではなく，ノートでも評価できます。学習の振り返りで，学習した内容が論理的に表現できているかどうかを見取るのです。そのためには，「自分の考えをノートに書きたい」という意欲をどうもたせるかがポイントになります。

①印刷して配付し学級の共有財産とする

> 今日は車の走った長さをくらべました。
> 黄は3倍走っているのに4×3＝12ではない理由を考えました。
> ます。3×4はまちがっています。なぜかというと，青の答えが8mでその8m×3をしないとダメです。
> ○○さんが言った式は4×6ですこの式は青の長さで黄の長さを表わせます。それでぼくは黄の長さがわかりました。

　私は，よい記述のノートを印刷して，子どもたちにどんどん配ります。配る意図は2つあります。1つは「書いた子の意欲を高めること」です。単に

ほめるだけではなく，どんな点が優れているのかを具体的に解説します。ノートが紹介された子は，周りの子たちにも認められます。授業で発言する子だけがスターなのではなく，自分のノートに書くことで思考をじっくり整理する子どもたちにもスポットを当てていくのです。学級経営的な仲間づくりの効果だけでなく，算数の本質に迫らせるとともに学力を高め合う効果も期待できます。

　もう1つは「他の子たちへのモデルとして示すこと」です。「学習の振り返りは，このように書いてほしい」と教師が求めるモデルを子どもたちのノートの中から探すのです（昨年度以前の先輩のノートを使ってもよいでしょう）。特に4月は，どんどん印刷して配ります。

②コメントの中に教師の感動の言葉を入れる

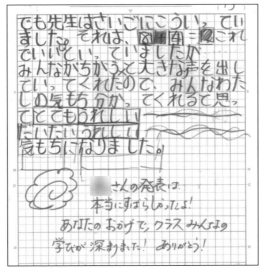

　子どもたちの意欲が高まる最高の評価は，教師の感動を伝える言葉です。いいと思ったものには「すばらしい！」と，素直に感動を伝えます。また，なぜ感動をしたのか，できる限りそのわけを伝えるようにします。

（木下　幸夫）

特別支援

数を数えるのが苦手な子どもへの支援のスキル

> **POINT**
> ❶数の仕組みを意識して数唱を聞かせる，一緒に唱えさせる
> ❷一対一対応で数えさせる

　数を数えるというのは，数を唱える（数唱）だけではなく，ものの数を数えることです。数字の読み書きができない子が，ものの数を数えられるようになる過程を見ながらその支援を考えていきましょう。

①数の仕組みを意識して数唱を聞かせる，一緒に唱えさせる

　数を数えることの第一歩は，数唱ができることです。子どもは，数を数えるのを聞いたり，一緒に数えたり，真似をしながら数唱ができるようになります。ここでポイントになるのはどのような数唱を聞かせるかです。

	一,	二,	三,	四,	五,	六,	七,	八,	九
十,	十一,	十二,	十三,	十四,	十五,	十六,	十七,	十八,	十九
二十,	二十一,	二十二,	二十三,	二十四,	二十五,	二十六,	二十七,	二十八,	二十九
三十,	三十一,	三十二,	三十三,	三十四,	三十五,	三十六,	三十七,	三十八,	三十九
四十,	四十一,	四十二,	四十三,	四十四,	四十五,	四十六,	四十七,	四十八,	四十九

　これは，数の読み方の表です。規則正しく並んでいますね。この規則を教えるのではなく，感じられるように唱えます。
　まずは，10までの数唱です。「いちにさんしごろくしちはちくじゅう」と

スラスラと流れるように唱えると切れ目がわかりません。少しオーバーアクションでもよいので「いち・に・さん・し・ご・ろく・しち・はち・く・じゅう」とメリハリをつけて１つずつ区切って唱えます。オーバーアクションの方が子どもも楽しいです。

数唱で間違いやすいのは，19→20，29→30，39→40のように，9から0に移るところです。左ページの表であれば行が変わるところです。「二十八，二十九，五十」や「四十八，四十九，二十」のような間違いをします。このような場合，二十の行のときは指を２本立てて十の位を示しリズムを取りながら唱え，二十九を唱えてから指を３本立てて「三十」と言います。もちろんここでもオーバーアクションです。また，表の太文字のところは大きめの声で数の区切りにメリハリをつけます。

１からの順唱ができるようになれば，決められた数（例：13など）まで唱える，決められた数（例：６など）から唱える，逆唱（九，八，七…），相手が数え終わった続きから交互に数えるなどの遊びもやってみましょう。

②一対一対応で数えさせる

数唱ができるようになると，数唱に数えたい対象を一対一対応させて数を数えられるようになります。「にじゅうに（22）」に対して１つの対象を対応させます。「にじゅう・に」と２つの対象を対応させてはいけません。

数えやすいのは，自分の数唱のスピードに合わせて数えられるもの，数え終わったものと数えていないものがはっきりわかるものです。ブロックやミカンなどを自分で動かしながら数えるのは数えやすいです。紙にかかれた○など動かせないものは少し難しいです。同じ紙にかかれた○でも離れているなどで直接指で触れられないとさらに難しくなります。また，ブランコの揺れる回数のように自分のペースで数えられないものや目に見えないものは難しいです。遠くにある動くものを数えるのも難しいですね。簡単なものから少しずつ難しいものにもチャレンジさせましょう。

（中尾　和人）

特別支援

計算が遅い，間違いが多い子どもへの支援のスキル

> **POINT**
> ❶数操作加減の基礎となる数量感覚を育てる
> ❷認知特性に合わせて数操作加減の手順を教える

　三桁三桁のかけ算筆算。がんばってやったのに途中のたし算を一回間違えてその問題は間違い。ショックですよね。計算嫌いになりますよね。

　計算が遅い原因の多くは，数えたし・数えひき（数え加減）で計算していることです。また，計算間違いの原因の多くは，ケアレスミスと計算手順を完全に覚えていないことです。では，時間がかかり計算間違いが多い数え加減から素早くできて暗算にもつながる数操作加減に移行させる支援スキルを紹介します。

①数操作加減の基礎となる数量感覚を育てる

　20までの加減のやり方には，数え加減と数操作加減があります。

　数え加減とは，例えば「8＋6」の場合，8の次の9から「九，十，十一，十二，十三，十四」と数えて14と答えるやり方です。「8から数えて6番目の数はなんだろう」と考えてやっているのです。このやり方では，慣れてもそれほど計算スピードが上がらず，暗算につながりません。

　数操作加減とは，「8は2をもらって10（合併）。6は2をあげて4（分解）。10と4で14」と答えるやり方です。このやり方は，手順が複雑ですが慣れると早く，暗算につながります。計算が遅い，間違いが多い子への支援は，数操作加減でできるようにすることです。

数には順序を表す序数性と合成分解ができる量を表す基数性があります。数え加減では序数性を，数操作加減では基数性を使っています。数え加減から数操作加減に移行するためには，まず数を合成分解ができる量として捉えられるようにします。図のような様々なタイプのブロック図を数える練習をして数量感覚を育てます。

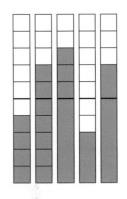

❷認知特性に合わせて数操作加減の手順を教える

　数量感覚が育つと次は加減の数操作手順の学習です。料理レシピを見ると，言葉での箇条書きと写真などの視覚を使った説明があります。言語優位・視覚優位などの認知特性に偏りがある人への配慮なのでしょう。

　数操作加減の手順の指導でも子どもの認知特性に合わせて指導をします。この指導ワークは，左は言語が得意な子，右は視覚が得意な子用です。

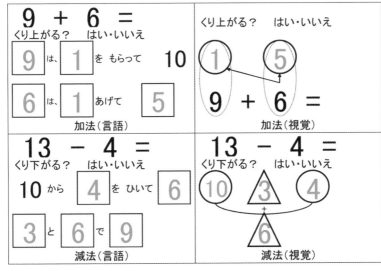

(中尾　和人)

特別支援

文章題の読み取りが苦手な子どもへの支援のスキル

> **POINT**
> ❶たし算・ひき算問題パターンの特徴を捉えさせる
> ❷問題文をダイエットさせる

　算数の文書題は，いくつかのパターンに分けられます。まず，どのようなパターンがあるかを整理して，それぞれの特徴を捉えさせます。文章題を解くときは，肉づけされた情報をそぎ落として，そこからパターンを見つけさせます。では，たし算・ひき算の文章題でその展開を紹介します。

①たし算・ひき算問題パターンの特徴を捉えさせる

　たし算・ひき算の文章題は，次ページの表のようなパターンに分けられます。たし算・ひき算から各1パターン選び，〇△に言葉を，ABには問題場面がイメージしやすいように5程度までの数を入れたシンプルな文章題をそれぞれ3問ずつつくり，ランダムに並べてそれぞれの問題を比較しながら解き，それぞれのたし算・ひき算問題パターンの特徴を捉えさせます。

②問題文をダイエットさせる

> 　2丁目の公園で鳩が何羽か餌を食べていました。そこに5匹の猫が来たので6羽の鳩が逃げました。公園にはまだ3羽の鳩がいます。はじめに鳩は何羽いましたか。

この問題文をダイエットして，パターンを見つけましょう。
　まず，問題文の構成がわかりやすいように１行ずつに分けて書きます。次に「『２丁目の公園』は必要？」と確認しながら肉づけ部分を削ります。
　「~~２丁目の公園で~~鳩が何羽か~~餌を食べて~~いました。」
　「そこに~~５匹の猫が来たので~~６羽の鳩が逃げました。」
　「~~公園には~~まだ３羽の鳩がいます。」
　「はじめに~~鳩は~~何羽いましたか。」
　まとめると「何羽かいた。６羽逃げた。３羽になった。はじめに何羽いた？」になります。たし算の減前（逆思考）のパターンですね。

たし算問題のパターン	ひき算問題のパターン
合併 ○がＡ個ある。△がＢ個ある。全部でいくつ？	求残 ○がＡ個ある。Ｂ個減った。残りはいくつ？
増加 ○がＡ個ある。Ｂ個増えた。いくつになった？	求捕 ○と△あわせてＡ個ある。○はＢ個。△は何個？
求大 ○がＡ個ある。△は○よりＢ個多い。△は何個？	求差 ○がＡ個ある。△はＢ個ある。違いは何個？
減前（逆思考） ○が何個かあった。Ａ個減ったのでＢ個になった。はじめに何個あった。	求小 ○がＡ個ある。△は○よりＢ個少ない。△は何個？
逆求小 ○がＡ個ある。○は，△よりＢ個少ない。△は何個？	増前（逆思考） ○が何個かあった。Ａ個増えたのでＢ個になった。はじめに何個あった？
	減数（逆思考） ○がＡ個あった。何個か減ったのでＢ個になった。何個減った？
	増数（逆思考） ○がＡ個あった。何個か増えたのでＢ個になった。何個増えた？
	逆求大 ○がＡ個ある。○は，△よりＢ個多い。△は何個？

（中尾　和人）

特別支援

図形を見る力が弱い子どもへの支援のスキル

POINT
❶細部に注目させて平面図形を模写させる
❷面の向きに注目させて立体図形に色を塗らせる

　紙や黒板などの平面に点や線でかかれた図形を子どもと一緒に見ながら説明しているときに、「この子は、みんなと同じように図形を見ているのかなあ？」と思うことがあります。

　図形を見る力が弱い子どもたちは、図形を漠然と見ています。また、平面にかかれた立体図形から立体をイメージできません。図形を見る力の弱い子どもへの支援スキルを考えましょう。

①細部に注目させて平面図形を模写させる

　図形学習で使われる用語には、特定の位置を示す「頂点」「中心」や特定の部分を示す「辺」「平面」や概念的な部分を示す「半径」などがあります。

　図形を見る場合、全体を見ることも大切ですが、このような位置や部分に注目させることも大切です。そのような力をつける方法に模写があります。

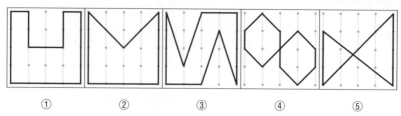

①　　　　②　　　　③　　　　④　　　　⑤

　模写する図は、まずは縦横線のみの図（①）、次に斜め45度を含む図（②）、

斜め45度以外の斜線を含む図（③），交点がドット上にある複数の平面図（④），交点がドット上にない複数の平面図（⑤）の順に子どものレベルに合わせてステップアップをします。⑤の図の場合，全体を見れば2つの三角形ですが，2つの三角形として模写しようと細部に注目すると頂点である交点に対応するドットがありません。再び，全体を見ると2つの三角形が共有する線分があることに気づきます。このような全体と細部を行き来しながら見る体験が大切です。

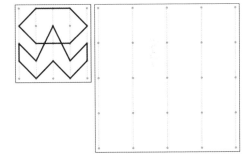

　模写する図が原図と同じサイズだと原図の平行移動でも模写できるので，図のようにサイズの異なるところに模写させます。そうすることでドットの対応に気づかせます。

②面の向きに注目させて立体図形に色を塗らせる

　図形を見る力が弱い子は，平面にかかれた立体図形を立体としてイメージできないようです。

　まず，平面図形のときと同じように，図形の細部に注目させながら立体図形の模写をさせます。この立体図形には同じ向きの面には同じ記号が書いてあるのがポイントです。次に，模写をした立体図形に同じ記号には同じ色を塗らせて立体をイメージしやすくします。模写をさ

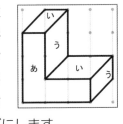

せるときは，平面図のときと同じように異なったサイズにします。

　積み木などでつくった具体物と模写した図の面，辺，頂点を指で押さえながら対応させたり，「『う』の崖をよじ登って『い』に行く」「上の『い』から下の『い』に飛び降りる」などを言いながら図の上で遊んだりするのもおもしろいですね。

（中尾　和人）

【執筆者一覧】

宮本　博規	熊本県熊本市立白川小学校長
尾﨑　正彦	関西大学初等部
瀧ヶ平悠史	北海道教育大学附属札幌小学校
種市　芳丈	青森県三戸町立三戸小学校
宮﨑　ゆき	熊本県熊本市立力合小学校
志田　倫明	新潟大学教育学部附属新潟小学校
永田美奈子	雙葉小学校
直海　知子	大阪府豊中市立大池小学校
樋口万太郎	京都教育大学附属桃山小学校
平川　賢	千葉大学教育学部附属小学校
間嶋　哲	新潟県新潟市立新津第三小学校長
千々岩芳朗	福岡県赤村立赤小学校
瀬田　浩明	熊本県熊本市立白川小学校
松島　充	香川大学准教授
清水　修	熊本県熊本市立白川小学校
高橋　丈夫	成城学園初等学校
高瀬　大輔	福岡県川崎町立川崎小学校
伊藤　邦人	立命館小学校
中村　光晴	北海道札幌市立資生館小学校
藤本　邦昭	熊本県熊本市立飽田東小学校長
桑原　麻里	宮崎県宮崎市立大淀小学校
木下　幸夫	関西学院初等部
中尾　和人	奈良県大和郡山市立郡山北小学校

【編者紹介】

『授業力&学級経営力』編集部
(じゅぎょうりょく&がっきゅうけいえいりょくへんしゅうぶ)

小学校算数　指導スキル大全

2019年4月初版第1刷刊	©編　者	『授業力&学級経営力』編集部
2019年11月初版第2刷刊	発行者	藤　原　光　政
	発行所	明治図書出版株式会社
		http://www.meijitosho.co.jp
		(企画)矢口郁雄 (校正)大内奈々子
		〒114-0023　東京都北区滝野川7-46-1
		振替00160-5-151318　電話03(5907)6701
		ご注文窓口　電話03(5907)6668

＊検印省略　　　組版所　株式会社木元省美堂

本書の無断コピーは，著作権・出版権にふれます。ご注意ください。

Printed in Japan　　　　　　　ISBN978-4-18-392710-1

もれなくクーポンがもらえる！読者アンケートはこちらから

新たな算数を生み出す創造力をはぐくむ

数学的な見方・考え方を働かせる算数授業

盛山 隆雄
加固希支男
山本 大貴
松瀬 仁

●事象を数量や図形及びそれらの関係などに着目して捉える（見方）
●根拠を基に筋道を立てて考え，統合的・発展的に考える（考え方）

新しい学習指導要領のポイントの1つでありながら，授業者にとってつかみどころがない存在とも言える「見方・考え方」。その実態を丁寧に紐解くとともに，低・中・高学年の具体的な実践を通して，数学的な見方・考え方を働かせ，豊かにする授業の在り方を探る意欲作。

もくじ

第0章 序 論 　盛山隆雄
数学的な見方・考え方への着目
子どもに優しい先生，子どもを感動させる先生になるために

第1章 総 論 　加固希支男
数学的な見方・考え方とは何か

第2章 低学年 　山本大貴
子どもが潜在的に持ち合わせる
見方・考え方を引き出し，豊かにする

第3章 中学年 　盛山隆雄
わからない子どもへの手だてが
全員の見方・考え方を豊かにする

第4章 高学年 　松瀬 仁
統合，発展を繰り返し，
より洗練された見方・考え方に高める

160ページ　四六判　1,900円+税
図書番号：2111

明治図書　携帯・スマートフォンからは **明治図書ONLINEへ**　書籍の検索，注文ができます。　▶▶▶
http://www.meijitosho.co.jp　＊4桁の図書番号で，HP，携帯での検索・注文が簡単に行えます。
〒114-0023　東京都北区滝野川7-46-1　ご注文窓口　TEL 03-5907-6668　FAX 050-3156-2790

＊価格は本体価表示です。

- ●春休みから学級・授業開きまで，スタートダッシュを完全アシスト
- ●「魔の6月」「リスタートの9月」など，4月以外の要所も徹底解説
- ●担任が陥りがちな学級経営の悩みを，達人教師がズバッと解決

各学年とも A5判・168頁 1,800円+税
図書番号 3441～3446

小1～6担任のための学級経営大事典

『授業力&学級経営力』編集部 編

豪華執筆陣が集結！

ロケットスタートシリーズ★

この一冊で学級担任の一年間をフルサポート！

- ●【4月最初】安心&最高のクラスをつくるためのシナリオを大公開
- ●【12か月】月ごとに押さえておきたい仕事の要所をロケット解説
- ●【テンプレート&イラスト】各種カードや賞状，通信づくりに大活躍

1～4年 B5判・216頁 2,800円+税
5・6年 B5判・224頁 2,900円+税
図書番号 4701～4706

小学1～6年の 学級づくり&授業づくり 12か月の仕事術

多賀一郎 編
チーム・ロケットスタート 著

 携帯・スマートフォンからは **明治図書ONLINEへ** 書籍の検索，注文ができます。 ▶▶▶

http://www.meijitosho.co.jp　＊併記4桁の図書番号（英数字）でHP，携帯での検索・注文が簡単に行えます。

〒114-0023　東京都北区滝野川7-46-1　ご注文窓口　TEL 03-5907-6668　FAX 050-3156-2790

＊価格は全て本体価格表示です。

小学校 指導スキル大全 シリーズ

便利過ぎて手放せない!
小学校授業のすべてをカバー

全10巻

授業力アップのための必須スキルを多数収録。
指導に困ったときも、
ステップアップしたいときも、
今欲しい情報がすべて詰まった1冊です！

シリーズ同時刊行

★ ラインナップ ★

教科	図書番号	編著者
国　　語	(3926)	中村和弘・清水　良 編著
社　　会	(3929)	澤井陽介・小倉勝登 編著
算　　数	(3927)	『授業力&学級経営力』編集部 編
理　　科	(3928)	鳴川哲也 編著
音　　楽	(3934)	酒井美恵子・阪井　恵 編著
図　　工	(3933)	岡田京子 編著
体　　育	(3932)	木下光正 編著
道　　徳	(3930)	永田繁雄 編著
英　　語	(3931)	坂井邦晃 編著
特別支援教育	(3936)	中尾繁樹 編著

1つのスキルを見開きで
コンパクトに紹介！
知りたい情報を
サッとチェックできます！

※（ ）内は図書番号
A5判　160〜176ページ
2,000〜2,200円 (+税)

明治図書　携帯・スマートフォンからは **明治図書ONLINEへ**　書籍の検索、注文ができます。▶▶▶

http://www.meijitosho.co.jp　※併記4桁の図書番号（英数字）でHP、携帯での検索・注文が簡単に行えます。

〒114-0023　東京都北区滝野川7-46-1　ご注文窓口　TEL 03-5907-6668　FAX 050-3156-2790

＊価格は全て本体価格表示です。